Jaime Jaramillo, Papá Jaime, conocido internacionalmente por su labor social y su contribución a la paz mundial, es originario de Colombia; ha viajado por muchos países difundiendo su mensaje inspirador de paz y amor, así como su filosofía de vida, que sirve de orientación a los seres humanos. Es el creador de la Fundación Niños de los Andes, la cual ha trabajado durante más de cuatro décadas en la recuperación de cerca de 85 000 niños que han vivido en las calles y alcantarillas de su país; y de Liderazgo Papá Jaime, empresa que tiene como misión inspirar y despertar conciencia individual y colectiva desde el amor.

En la actualidad es escritor y conferencista, y sus ideas tienen mucho de la sabiduría de Oriente, aplicada a la vida acelerada de Occidente. Considera que cuando el ser humano aprende a vivir la vida tal y como llega, con serenidad y alegría, encuentra la verdadera felicidad.

Sus mensajes también llegan al mundo entero a través de intervenciones en programas de televisión y radio, de escritos en periódicos y revistas, al igual que a través de sus libros y CD de autoayuda y crecimiento espiritual.

Gracias al aporte que ha brindado a la humanidad, es reconocido por muchos como líder social y maestro espiritual. Esto lo ha hecho merecedor de múltiples galardones y reconocimientos internacionales como el Premio Mundial de la Paz al lado de la madre Teresa de Calcuta en 1990, como uno de los 50 líderes espirituales y humanistas del siglo xx por el Premio Toyp Jóvenes Sobresalientes del Mundo y como Embajador Mundial de la Paz en el año 2002 en Seúl, Korea, entre muchos otros.

Papá Jaime

Jaime Jaramillo

Volver a lo básico

DEBOLS!LLO

Primera edición en Debolsillo: febrero de 2024

© 2012, Jaime Jaramillo
© 2024, Penguin Random House Grupo Editorial, S. A. S.
Carrera 7 # 75-51, piso 7, Bogotá, D. C., Colombia
PBX (57-1) 7430700

Diseño: © Penguin Random House Grupo Editorial / Patricia Martínez Linares
Fotografía de cubierta: © Borut Trdina / Getty Images
Fotografía del autor: © Rafael Piñeros

Impreso en Colombia-*Printed in Colombia*

ISBN: 978-628-7641-49-5

Compuesto en caracteres Garamond

Impreso por Editorial Nomos, S.A.

A mis padres, Jaime y Clementina, quienes siempre han estado a mi lado, amándome y deseando lo mejor para mí.

A mis grandes amigos del alma, la madre Teresa de Calcuta y el padre Rafael García-Herreros, con quienes compartí momentos inolvidables y quienes escucharon la voz de su corazón y no la voz de aquellos que los quisieron aplacar.

Y a todos los que luchan incansablemente por ayudar a los otros y hacer de este mundo un lugar más feliz y más justo, para que no desistan cuando los ataquen, critiquen o traten de silenciar, porque son la voz de quienes no pueden hablar y quizás la esperanza de aquellos a quienes nadie quiere escuchar.

Contenido

Presentación

Me encanta sentarme a observar la gente que pasa a mi lado. Muchos van como autómatas, otros, con tanto afán que parece que el tiempo se les fuera a acabar; otros pasan con caras largas llenas de angustia y preocupación; otros van muy derechos y rígidos, con el disfraz y la máscara del momento; otros andan con desasosiego, tratando de llenar un vacío que llevan en el corazón… mientras que muchos otros caminan alegres, sonrientes, llenos de sueños y de ilusiones. Siempre me pregunto qué es lo que los hace a unos y a otros tan diferentes. ¿Por qué unos lloran tanto y sufren con algo que hace reír y gozar a otros? ¿Por qué a unos les produce tanto miedo lo que a otros atrae e incluso disfrutan? ¿Por qué otros mueren en vida, sin haber podido experimentar la paz interior y el amor? ¿Por qué muchos corren incansablemente buscando la felicidad y nunca logran alcanzarla, mientras que otros disfrutan plácidamente cada instante de la vida?

La vida es demasiado valiosa para ser vivida en un estado permanente de mediocridad, dolor, miedo o confusión. Creo firmemente que nuestro destino es tener una vida llena de amor, paz, felicidad, salud y riqueza.

Sólo cuando elegimos qué queremos ser realmente tenemos la oportunidad, gracias a la fuerza de voluntad, de materializar todos los sueños. No contamos con el poder para manejar las cosas que se encuentran fuera de nosotros, pero sí la fuerza para controlar las que están en nuestro interior.

Este libro ha sido escrito con el propósito de que rompas, a través de unos mecanismos elementales y sencillos, las cadenas que te atan. De esta manera retomarás tu esencia, volverás a lo básico y simple de la vida, y podrás amar lo que haces y hacer lo que amas.

El virus y
el antivirus

*Limitarse a existir es negarse la oportunidad de vivir
y disfrutar la vida plenamente.*

En una de esas tantas noches frías bogotanas, bajo una lluvia implacable y a la luz de un farol titilante, las sombras de unos muchachos llamaron mi atención. Encima de unos pedazos de cartón y cubiertos con periódicos, Amadeo, Toribio y Piraña comían sobrados de una caja de basura. Al acercarme más, pude ver que ellos degustaban y compartían aquellos sobrados malolientes como si fueran un exquisito manjar. En medio de mi estupor, al observar aquella desgarradora escena tan habitual en las calles de esta ciudad, lo único que se me ocurrió decirles fue que dejaran de comer esa basura y se fueran conmigo a comer algo caliente y rico en la Fundación Niños de los Andes. Amadeo se levantó, se acercó sonriente, y dándome unas cuantas palmadas en la espalda, me dijo: «Papá Jaime, no se preocupe, nosotros estamos bien y además ya estamos listos para ir a dormir a nuestro cambuche en el caño. ¿Mejor sabe qué? Lo invito mañana a que venga a almorzar con nosotros en nuestra alcantarilla de lujo y le tendremos algo bien especial». Esa noche llegué a mi hogar con un frío en el alma y un vacío que solo mis dos hijos y mi mujer pudieron llenar. La escena se repitió en mi mente el resto de la noche y yo trataba de entender cómo esos muchachos podían encontrarse bien en medio de tanta miseria.

Al día siguiente salí a cumplir mi cita imaginándome qué tipo de comida me darían y cómo iba a hacer para comerla. Cuando llegué allí, mi sorpresa fue grande al ver que me habían preparado un sancocho de gallina con papas; habían limpiado y organizado ese pestilente hueco, y pudimos sentarnos sobre unas piedras y un tronco de madera a almorzar. Mientras compartía con ellos ese momento llegaban miles de pensamientos y preguntas a mi mente. Una vez terminamos el almuerzo, Amadeo quiso mostrarme orgullosamente dónde dormía con sus parceros. Con su mujer me hizo un recorrido por esa cloaca, enseñándome detalladamente cada sitio, sus facilidades de acceso, la ubicación estratégica que la convertía en un lugar muy seguro y su vista natural a un bello parque que tenían enfrente. Me explicó que esa alcantarilla era de lujo porque poseía ventilación natural por dos lados.

Aún recuerdo ese instante sublime en el que abrí los ojos y desperté a una realidad que no quería ver ni aceptar. Entendí que todo en el mundo está orquestado perfectamente bien, dentro de un plan divino, y que todo lo que vemos es el resultado de lo que pensamos y sentimos. De Amadeo aprendí muchísimas cosas. Era un muchacho que, a pesar de haber vivido en medio de tanta miseria, siempre estaba feliz, alegre y sonriente. Disfrutaba plenamente lo que tenía en el momento, sin importarle lo que no tenía. De él aprendí que los seres humanos vemos el mundo como lo queremos ver.

Desde aquel instante una gran incertidumbre empezó a crecer en mí. Por todos los medios trataba de entender por qué Amadeo podía disfrutar plenamente al comer basura y vivir en ese lugar lleno de ratas y excrementos humanos, según él, un lugar de lujo por contar con ventilación y una agradable vista. ¿Por qué tenía esa gran capacidad de asombro para gozar con todo y compartir lo poco que poseía sin aferrarse a nada?

Arrastrado por las aguas negras del caño que fue durante muchos años su hogar, Amadeo murió dejando en mí una huella que con el paso de los años me hizo entender la importancia de volver a lo básico, lo natural y lo simple, al igual que un niño cuando brinca feliz en un pantano, sin importarle la suciedad. Aprendí también a disfrutar no solo lo que ante mis ojos es lindo, limpio y agradable, sino también aquello que es feo, sucio y desagradable. Entendí que la belleza no está en el exterior, sino en el interior, en la forma de pensar, ver y percibir el mundo. Por eso desde ese instante me regocijo diariamente con un atardecer, un nuevo amanecer, la sonrisa de un niño, el abrazo de un amigo e incluso con aquello que para el resto del mundo es feo y desagradable.

Todo esto me hizo reflexionar y hacer un alto en el camino. Me pregunté por qué las personas como Amadeo podían ser tan felices viviendo en medio de tanta inmundicia, mientras que otras lo tienen absolutamente

todo y viven tristes y amargadas, creen ser felices o sobreviven, pero no disfrutan plenamente de la vida.

Fue entonces cuando entendí que todos los seres
humanos al nacer venimos con una mente limpia y
transparente, producto de nuestro estado de conciencia natural que es el amor. Pero a medida que vamos
creciendo, nuestra mente, totalmente abierta al conocimiento, empieza a absorber y a percibir el mundo de
acuerdo con lo que estamos experimentando a través
de los sentidos. Venimos al mundo totalmente libres,
llenos de ilusiones y sueños, dispuestos a experimentar
todo, pero de un momento a otro empiezan a enca-
denarnos y a llenar nuestra mente de culpas, temores,
prejuicios y condicionamientos que no nos permiten
percibir el mundo como realmente es, sino como los
demás quieren que lo veamos.

Imaginemos que nos levantamos temprano un do-
mingo para hacer deporte, y al pasar por un parque
observamos a un hombre en pantaloneta recostado en
el pasto, con la cabeza hacia atrás y la boca abierta.
Podemos pensar que es un deportista que subió rápidamente la montaña y está cansado, un borracho dormi-
do, un hombre a quien atracaron, o alguien que medita
o descansa plácidamente. Cada uno de nosotros ve las
cosas según lo que tiene en su mente y en su corazón.
Debemos entender que el mundo en que vivimos está
perfectamente bien, pero si nuestra mente está turbia
lo percibiremos opaco, o como un mundo lleno de
miedos y angustias. Es entonces cuando ese condiciona-

miento, que yo considero un virus letal y al cual hemos sido sometidos desde niños por nuestros padres, maestros y por la sociedad en general, puede afectar la mente y hacer que centremos nuestra felicidad en aquello que pasa en el exterior y no en el interior de nuestro ser.

A través de los tiempos la humanidad ha sido contaminada por este virus, creado por los mismos hombres para manipular, condicionar y conseguir el poder político, religioso, material o espiritual; hombres motivados por el temor a perder su influencia sobre los demás. Es así como nacen las doctrinas y las cadenas limitantes que, basadas en castigos, consiguen perturbar la mente humana y llevarla a estados emocionales antinaturales, con efectos secundarios como la depresión, el odio, el rencor, la venganza y la frustración.

Nuestros padres, maestros, compañeros, familiares, los medios de comunicación y la sociedad en general son los portadores de este virus que va mutando de acuerdo con la época, la religión y la cultura. Tal virus puede entrar a ser parte de nuestras vidas cuando, consciente o inconscientemente, aceptamos y asumimos como verdaderos todos los mensajes de quienes nos educan. La realidad es que se encuentra camuflado en mentiras disfrazadas de verdades o en creencias que la sociedad ha aceptado como ciertas, de generación en generación. Estos engaños disfrazados de verdades, o quizás de sabiduría popular, los percibimos de diferentes formas:

- *En nuestros padres.* Cuando al tratar de educarnos con todo el amor, nos transmiten inconscientemente el virus con el que ellos fueron criados por sus propios padres. Nos llenan la cabeza de culpas, miedos, prejuicios y condicionamientos, como cuando dicen: «Qué dirá la gente si te ve vestido así»; «Si te pegan, devuélveles más duro el golpe»; «No prestes tus juguetes porque te los dañan»; «Tienes que ser el mejor de la clase, el campeón y el número uno»; «Sé realista, madura, no sueñes con cosas que nunca podrás lograr»; «Cuántos niños no tienen qué comer y se están muriendo de hambre, y tú no te tomas toda la sopa»; «Si te portas bien, te doy un regalo»; «No camines descalzo porque te da reumatismo»; «No salgas al sereno porque te da gripa»; «Si estás acalorado y sales al frío te puedes torcer»; «Si no me haces caso viene el Coco y te come»; «Si comes dulce en ayunas se te llena el estómago de lombrices»; «El diablo se lleva a los niños malos»; «Si no me haces caso le digo a tu papá, que él sí te pone en tu lugar». Así mismo, hay miles de ejemplos de lo que día a día los padres inculcan en los hijos.

Por otra parte, nos comparan despectivamente cuando dicen: «Tú no eres como tu hermano, que sí es organizado»; «No eres tan inteligente como tu padre»; «No se sabe quién es peor, si tú o tu hermana»; «No pareces hijo mío»; «¿Por qué tienes que ser tan mediocre y no puedes ser como los otros niños?», etcétera.

- *En algunos maestros.* Cuando al tratar de educar nos programan para competir desmedidamente unos contra otros y nos encasillan en un modelo educativo único, sin tener en cuenta que cada ser humano es un universo infinitamente diferente, que percibe el mundo de múltiples maneras y que está lleno de ilusiones, alegrías y sueños.

- *En algunos compañeros.* Cuando proyectan en nosotros la información contaminada que han recibido en sus propios hogares y se burlan, juzgan y critican a los que no piensan, hablan y actúan como ellos. En ese momento es cuando, en busca de ser aprobados en un grupo, hacemos cosas que nunca hubiéramos querido aprender y mucho menos hacer.

- *En frases de cajón y refranes.* «Te lo digo por tu bien»; «Árbol que nace torcido no se endereza jamás»; «Cuando el río suena, piedras lleva»; «Por la maleta se conoce al pasajero»; «Más vale pájaro en mano que ciento volando»; «Es mejor malo conocido que bueno por conocer»; «Donde hubo fuego cenizas quedan»; «El amor es ciego».

- *En las canciones populares.* Son un tributo al yo, al apego y, por ende, al sufrimiento y la depresión. Algunas dicen: «Sin ti no podré vivir jamás», «Amor se escribe con llanto», «Sin ti la vida no vale nada».

- *En el cine y la televisión.* Cuando nos venden prototipos de mujeres y hombres perfectos y poderosos, en situaciones ideales, y proyectando una imagen distorsionada del amor y la vida.

- *En los medios de comunicación.* Cuando nos bombardean con miles de imágenes condicionantes y prepagadas, incitándonos al consumismo desmedido.

Diariamente nos llega todo tipo de información. Por eso tenemos que aprender a seleccionar y utilizar la que nos sirve, y descartar la que nos contamina la mente. Si no elegimos tomar conciencia, filtrar y decantar toda esta información infectada de virus, podemos caer fácilmente en:

- Buscar siempre la aprobación de los otros, querer satisfacer sus sueños y no vivir los nuestros.
- Competir con los otros en vez de compartir con ellos.
- Dar más importancia a lo que la gente piensa de nosotros y menos a lo que pensamos de nosotros mismos.
- Interesarnos más por lo que la gente nos hace y menos por lo que estamos haciendo con nuestras vidas.
- Vivir como autómatas en un eterno afán, sin conciencia, infectados por un virus que no nos deja percibir el mundo como realmente es.
- Invertir el proceso evolutivo natural: ser, hacer y tener.
- No vivir ni disfrutar el momento, el aquí y el ahora, por rumiar en nuestro pasado y atormentarnos con el temor y las preocupaciones acerca del futuro.
- Pensar que nuestra felicidad depende de otras personas, de las posesiones y de las creencias condicionadas y limitantes.

- Suponer que Dios es un ser castigador al que solo encontramos en las oraciones entonadas en iglesias y templos, y que nos hace actuar más por temor que por amor.
- Sentir que nunca podremos perdonar a quien nos ha herido en el alma.
- Creer que damos cuando esperamos recibir algo a cambio, caso en el cual en realidad estamos prestando.

Si durante el período de incubación en la mente no tratamos de erradicarlo, el virus seguirá creciendo, atacará y finalmente nuestra vida se convertirá en una eterna búsqueda de algo que nos llene ese gran vacío espiritual; estaremos sumidos en un estado permanente de inconformidad debido al miedo albergado en nuestro ser, que utilizamos como mecanismo de defensa o como máscara para ocultarnos.

Entonces, la pregunta es: ¿qué se puede esperar de una vida así? Después de haber tenido la gran oportunidad de compartir con tantos seres humanos que vivían inconscientemente en una oscuridad impuesta por ellos mismos, y tras haberles ayudado a encontrar su esencia y su verdadera felicidad, creo firmemente que debemos utilizar un antivirus creado y desarrollado con base en testimonios reales, y en todo lo que he experimentado a lo largo de mi vida.

Este antivirus tiene una serie de mecanismos diseñados para purificar, filtrar y eliminar todo lo que nubla la mente, generando cambios de actitud para lograr una evolución de la conciencia, y de esta manera desprendernos de todos esos apegos, condicionamientos y programaciones impuestos durante nuestra vida.

Hoy debemos preocuparnos menos por lo que tenemos que hacer y poseer, y pensar mucho más en lo que tenemos que ser, porque cuando nuestro ser está en armonía solo el amor y la bondad brotan de él y así todo lo que hagamos, al ser hecho con amor, será maravilloso. Esto con la finalidad de permitir que el antivirus entre en nuestras vidas, y de obtener los cambios necesarios para alcanzar paz y armonía interior. Tenemos que prepararnos para que la información recibida realmente surta efecto y estar dispuestos a seguir estos cuatro pasos:

Abrir la mente

Te preguntarás de qué manera puedes transformar tu ser y qué procedimientos debes seguir para lograrlo. La respuesta es mucho más simple de lo que imaginas: no tienes que hacer nada. Solo debes tratar de ver las cosas de un modo diferente, desde un nuevo ángulo, con una nueva perspectiva y bajo diferentes puntos de vista. Es esa nueva manera de verlo todo la que dará lugar a la transformación que estás esperando, porque en cuanto esto suceda tus acciones serán diferentes y automáticamente tu vida cambiará.

La mente es como un paracaídas: si no la abres, de nada sirve. Es preciso que te mantengas siempre listo, abierto y receptivo al cambio, para cuestionarte y pensar por ti mismo. No puedes cerrarte a conocer y experimentar la vida, pues ello te conduciría a un estado de pereza mental que terminaría aplastándote.

Pero no es cuestión de luchar contra tu esencia ni de resistirte al cambio, sino de desarrollar una muy buena voluntad para poder ver algo nuevo. Desafortunadamente nos aferramos a lo que conocemos y no queremos ver lo nuevo, como en aquel refrán popular tan condicionador y frustrante que dice: «Más vale malo conocido que bueno por conocer».

Tenemos miedo a la libertad, a la soledad, a volar por nosotros mismos; preferimos ser esclavos de unas creencias, nos atamos voluntariamente y luego nos quejamos de no ser libres. Si tú mismo no eres consciente de tus cadenas, ¿cómo pretendes liberarte? Lo peor y más peligroso de quien duerme es creer que está despierto y confundir sus sueños con la realidad. Por ello, lo primero que necesitas para despertar es saber que estás durmiendo y sueñas.

Cuando entiendes que el sufrimiento y la congoja son creados por ti mismo, puedes comenzar a despertar. Pero depende de ti: puedes dejar que el sufrimiento se vuelva profundo hasta que te hartes y comiences a ver, o despertar hoy por tu propia voluntad.

Contemplar y meditar

Cuando te separas inconscientemente de tu esencia, que es el amor, no puedes disfrutar plenamente de todo lo que la vida te da, porque te encuentras en un estado de temor que genera un gran vacío interno. Por más que te mentalices, racionalices y trates de controlarte, mientras no vuelvas tu mirada hacia adentro a través del silencio, la contemplación y la meditación, no podrás encontrar tu armonía interior, que no es otra cosa que ese balance entre cuerpo, mente, alma y espíritu.

Para volver a lo básico, el único camino es la observación. Cuando te observas a ti mismo en contemplación profunda, y ves tus acciones y reacciones, tus hábitos y vicios y la razón por la que respondes así, en ese momento te conoces realmente, ya que puedes observarte sin críticas, prejuicios, culpas, justificaciones y sin miedo a desenmascarar la verdad.

Si quieres tener madera de sembrador tendrás que aprender a dominar el sutil arte de la paciencia, porque un sembrador sin paciencia querrá que los árboles y las plantas crezcan en pocos días y ese es un lujo que ni la naturaleza se permite. Observa bien el roble e imita su parsimonia para que puedas llegar a dar buena madera.

Desaprender

No es necesario que sufras ni que te dejes perturbar por aquello que has aprendido como la gran verdad.

Tal como ves el cielo azul con sus nubes que pasan continuamente, pintando siluetas efímeras de todas las formas, tamaños y colores, así mismo podrían ser los pensamientos contaminados que has albergado por tanto tiempo en tu mente. No te identifiques con las nubes cuando puedes ser el cielo azul. Ha llegado la hora de desaprender. ¿Qué estás esperando? Despréndete de una vez por todas de esos pensamientos y condicionamientos que nublan la razón; deja que ellos continúen yendo y viniendo, pero elige deliberadamente no darles la oportunidad de que te perturben, porque no son el cielo y el paisaje los que están mal ni el mundo el que está al revés; es tu percepción de las cosas la que no te deja apreciar el mundo tal como es.

Imagina que planeas un paseo a un parque natural muy hermoso para disfrutar de la paz y del paisaje. El cielo está azul y los pájaros cantan. Sales feliz de tu casa y al llegar al parque notas que en ese cielo, antes esplendoroso, empiezan a aparecer nubes negras que tapan lentamente el sol y al poco tiempo empieza a llover. ¿Qué sientes? Si tienes un sentimiento negativo en este momento, pregúntate cuál es su causa: ¿acaso las nubes negras?, ¿la lluvia?, ¿el parque?, ¿o será tu virus, tu reacción condicionada a que el día es feo si no hace sol y el paseo se acaba? Tú eres quien elige perturbarse y dañar ese hermoso día, sufriendo todas las consecuencias de haber pensado de tal manera. Quizás tendrás frustración y mal genio causados por el virus en tu mente, que quiere controlar y manipular incansablemente todas las cosas externas. No podemos controlar el tiempo atmosférico, pero sí nuestra actitud ante ese hecho.

Abre bien los ojos para que puedas ver que la infelicidad no proviene de la realidad sino de las falsas ideas, ilusiones, fantasías y deseos. Tienes que quitarte las vendas de los ojos, porque si no ves, no puedes descubrir aquello que nubla tu mente. Al observarte a ti mismo estás atento a lo que acontece dentro y fuera de ti. Lo importante es observar todas las ideas, creencias y cadenas limitantes, pero desde otra posición, como si afectaran a otra persona. Lo único que tienes que hacer es tratar de comprenderlas y así ellas desaparecerán por sí solas una vez que entiendas que no existen ni son reales, y están solamente en tu imaginación y en tu programación. ¡Desaprende! Todos tenemos el poder de determinar qué cosas vamos a pensar en un momento dado.

Este proceso de transformación muchas veces es doloroso, especialmente cuando te resistes al cambio y no quieres desprenderte de esas máscaras y apegos con los que siempre has actuado. Al tomar conciencia y preguntarte si realmente has pasado toda tu vida evitando el dolor o en el papel de víctima, quizás buscando a quién culpar, te podrás dar cuenta de lo que necesitas hoy: un cambio radical en tu forma de percibir las cosas y actuar con coherencia, sin temores.

Volver a aprender

He encontrado innumerables casos de personas que reciben la noticia de que les queda poco tiempo de vida. La mayoría de ellas sintió un dolor muy grande en ese instante, luego lo aceptó y sorprendentemente empezó a experimentar la vida desde un punto de vista diferente, sin apegos, sin miedos, sin prevenciones, disfrutando plenamente cada instante y sin buscar la aprobación y el reconocimiento de los demás. De esto se trata volver a aprender. Si te detienes y piensas en todas las cosas que haces sin comprender siquiera la razón, te darás cuenta de que en medio de tu inconsciencia las sigues realizando habitualmente, porque están instaladas en tu «sistema operativo» (con virus), que rara vez cuestionas.

No necesitamos corregir el programa que existe en la mente, sino reemplazarlo por uno que resulte más funcional, construido y desarrollado sobre principios y valores de confianza en sí mismo, fe, pasión, amor, compasión, humildad y solidaridad, creando así un proyecto de vida que fluya con el cambio para que nuestros sueños sean sensacionales realidades y no pesadillas interminables. La idea no es reproducir la excelencia, copiar modelos de seres excelentes, sino que, a través de unos mecanismos elementales y simples, podamos tomar conciencia libremente para diseñar, crear y construir en forma eficaz nuevas estrategias y estados mentales orientados a la felicidad.

Realmente, lo único constante es el cambio, y cada ser humano tiene una visión y un mapa de la realidad muy diferentes. Si nos volvemos rígidos en la aplicación de estos principios, en un medio cambiante como el nuestro, perderemos la creatividad y la eficiencia, que son los principales aliados. El mejor regalo que le podemos dar a un ser humano no es nuestra riqueza, sino enseñarle a encontrar su propia riqueza interior.

Recuerda que la semilla de la sabiduría es la ignorancia. ¿Por qué tenemos que esperar la proximidad de la muerte para tomar conciencia y empezar a vivir? ¡Hoy es tu gran día! ¡Abre las alas y déjate llevar sin oponer resistencia!

Quiero compartir a través de este libro apartes de mi infancia y adolescencia, época durante la cual estuve constantemente expuesto al virus. Explicaré con ejemplos reales de qué manera el virus siempre rodeó mi vida y cómo mantuve una actitud firme para que no me perturbara, para no sentir angustia, dolor o frustración ante las diferentes situaciones que vivía.

Espero que estos aspectos que encontrarás en los próximos capítulos, basados en testimonios de mi vida y la de otros, te puedan servir para que analices y evalúes cómo estás viviendo la tuya y cómo influyes en la de otros. De esta manera, podrás ver todas esas cadenas limitantes e invisibles, y desprenderte de ellas para volver a lo básico, vivir sin límites y ser completamente feliz.

El pensamiento renovador

*Ni tus peores enemigos te pueden hacer tanto daño
como tus propios pensamientos.*

El mundo es un hermoso jardín donde hay que sembrar para cosechar. Nuestros pensamientos son como semillas que debemos sembrar, cuidar, nutrir y abonar si queremos cosechar los frutos. Como nos enseña la parábola del sembrador, al tomar una canasta llena de todo tipo de semillas y dispersarlas por el camino, probablemente unas caerán en él y las pisarán; otras caerán a los lados y brotarán, pero al no tener profundidad se secarán; otras caerán dentro de maleza y espinas que las ahogarán, y otras, las que siembres en terreno fértil, echarán raíces profundas, florecerán y podrás cosechar los frutos.

Nuestros pensamientos son como estas semillas. La mente se puede llenar de todo tipo de pensamientos, unos basados en el amor y otros en el temor. De nosotros depende qué tipo de pensamientos vamos a cultivar y cuáles vamos a arrancar de raíz para no dejar que nos ahoguen.

Nací fruto del amor de una joven pareja en los años cincuenta. Fui un bebé alegre, sonriente, tierno y juguetón, como todos los bebés del mundo. Crecí en un ambiente lleno de amor, cariño y todo tipo de atenciones, por ser el primer hijo. Además, tenía contacto permanente con la naturaleza y los animales. Mi capacidad de asombro y mi forma de disfrutar todo eran desconcertantes. Cuentan que podía dormir tranquilamente con ruidos estridentes, con cualquier clase de luz, con o sin cobija. Nada externo parecía perturbarme. Hasta ese momento fui un bebé totalmente feliz, espontáneo, auténtico y sin temores. Pasaron los años y me convertí en un niño travieso, explorador y salvaje por naturaleza.

Hoy soy un adulto, pero aún recuerdo todas las vivencias de infancia y adolescencia que marcaron mi vida y forjaron mi carácter. A través de los años, todas las personas que me guiaron y estuvieron a mi lado trataron infructuosamente de transformar y moldear mi esencia, a pesar de que me querían mucho y deseaban lo mejor para mí. Ellas, que siempre creyeron tener la razón debido al virus en sus mentes, quisieron cortarme las alas para que actuara de acuerdo con lo que pensaban y no de acuerdo con lo que yo sentía. Hoy entiendo que siempre en la vida hay dos opciones: hacer lo que el corazón dice o dejarse llevar por lo que dicen los demás. Solo sé que si yo no hubiera escuchado la voz interior que salía de mi corazón jamás hubiera podido ser, hacer y tener todo aquello que hoy disfruto plenamente.

En mis recuerdos de infancia, cerca de los siete años, un día me pregunté muy seriamente por qué me sentía como si fuera un niño muy malo. ¡Era tan diferente de los demás! Por todos los medios mis maestros trataban de cambiarme para que me volviera idéntico a los otros. Estudiaba en un colegio de monjas españolas, para llegar allí el bus me recogía día tras día cerca de mi casa y en las tardes supuestamente debía llevarme de regreso. Nunca pude entender por qué mis padres pagaban el transporte de las tardes si todos los días me dejaban castigado en el colegio. Me castigaban por diferentes razones: por inquieto, por hacer mucha bulla, por desobediente, por no llevar los cuadernos de la forma en que lo exigían, por zurdo, por indisciplinado, porque me reía duro, porque me ensuciaba en los charcos y la tierra, porque si hablaba y no me escuchaban entonces tenía que gritar... ¡En fin!, por ser niño.

Pero lo más grave en esa época era ser zurdo, razón por la cual me decían que era hijo de Satanás y que el Coco me iba a comer en la noche si no empezaba a escribir con la mano derecha. Igualmente, me golpeaban con una regla en la mano izquierda para que dejara de escribir con ella. Cuando sonaba la campana y todos salían felices para su casa, la madre superiora me conducía al patio del colegio y me obligaba a parar frente a un gran perro amarrado con una cadena. Se llamaba Leal y aún recuerdo sus ladridos, sus ojos penetrantes, sus grandes colmillos y todo lo que hacía para intentar morderme. De tanto repetir el castigo con el perro, comencé a llevarle pan y mojicón y nos hicimos amigos rápidamente.

Una tarde, mientras observaba a todos los niños jugando en el patio desde mi sitio de castigo, decidí soltar al perro. Este corrió directamente hacia donde estaba la madre que más me castigaba, la mordió en el trasero y después persiguió a otra hermana, quien pese a salir despavorida también fue mordida no sé dónde, pero sí recuerdo que debió ser llevada de urgencia al hospital. En medio de la confusión, entré con mis amigos de primaria a Clausura, un sitio prohibido para los estudiantes donde había una despensa llena de frutas, galletas, tortas, obleas y vino de consagrar. Salimos felices con nuestro botín y lo repartimos entre las familias que vivían a los alrededores del colegio en condiciones infrahumanas.

Desde esa época me llamó la atención el contraste entre la riqueza y comodidad de mi colegio, y la miseria y desesperación de esos niños que vivían a escasos metros. Me acuerdo perfectamente de la felicidad, los gritos y las carcajadas de todos mis compañeros al ver cómo aquellos niños devoraban rápidamente la merienda. Ellos nos preguntaban inocentemente cuándo íbamos a volver. Desde esos momentos ya vislumbraba cuál iba a ser mi misión en este mundo.

Gracias a estos castigos tuve la oportunidad de escoger. Decidí vivir en el estado de conciencia del amor y no del temor, que es el virus. Encontré naturalmente la manera de transformar y reemplazar los pensamientos de temor por pensamientos creativos, alegres y renovadores, para convertir los problemas en oportunidades. Fue así como elegí arriesgarme a actuar con coraje. Desde aquel instante mi vida cambió: aprendí a disfrutar de todo lo que pasaba a mi alrededor y esto me motivó a visitar de nuevo a aquellos niños y niñas que llenaron de plenitud, amor y felicidad mi infancia, dándoles sentido a mi vida y a la de algunos compañeros de colegio.

Los diferentes estados de conciencia de todos los seres son influidos por dos fuerzas: el amor y el temor, grandes opuestos universales. Todos nuestros pensamientos, ideas, intenciones, emociones, sentimientos, deseos, voluntades y acciones están directamente condicionados por una de estas dos fuerzas. Increíble pero cierto: no existe ninguna otra opción. Afortunadamente tenemos el poder del libre albedrío que nos otorgó Dios para elegir entre cualquiera de las dos.

Tómate cinco minutos, dondequiera que te encuentres, ponte cómodo, cierra los ojos y conviértete en un testigo silencioso de todos los pensamientos que llegan a tu mente. ¿Qué clase de pensamientos son? Muy seguramente tendrás miles de pensamientos de acuerdo con tu calidad de vida en este momento. Si en general tu vida marcha bien, la mayoría de tus pensamientos deberían ser positivos, o sea, basados en el amor; pero algunas personas, teniéndolo todo, son insaciables en sus pensamientos, no aprecian ni valoran lo que tienen sino que desean lo que no tienen, y así llegan a convertirse en seres frustrados y amargados.

Si, por el contrario, estás lleno de problemas y preocupaciones, seguramente tus pensamientos serán oscuros y pesimistas, o sea, basados en el temor; pero aun así hay quienes no se rinden ante las dificultades de la vida, eligen pensar positiva y creativamente desde el estado del amor y de esta manera convierten sus problemas en oportunidades, llenando sus vidas de paz, felicidad y prosperidad.

Ten presente que donde pones tu mente ahí estará tu corazón. En el manejo de tus pensamientos está la clave: puedes elegir vivir desde el estado de conciencia del amor, en el cual encontrarás armonía, paz, felicidad, abundancia, bondad, comprensión, alegría, fluidez, apertura, facilidad, flexibilidad, fe y pasión; o vivir desde el estado de inconsciencia del temor, que deprime, ahoga, destruye, corroe, encubre, engaña, niega y descompensa. Mientras el amor te libera y armoniza, te eleva y te hace vibrar en frecuencias muy altas, el temor puede llegar a destruirte.

El siguiente relato nos puede explicar de manera práctica cómo funcionan nuestros pensamientos:

Un viejo abuelo sostenía con sus pequeños nietos una charla acerca de la vida, y les dijo: —Una gran pelea entre dos lobos está ocurriendo en mi interior. Uno de los lobos representa la maldad, el temor, la ira, la envidia, el dolor, el rencor, la avaricia, la arrogancia, la culpa, el resentimiento, la inferioridad, la mentira, el orgullo, la competencia, la superioridad y la egolatría. El otro, la bondad, la alegría, la paz, el amor, la esperanza, la serenidad, la humildad, la dulzura, la generosidad, la benevolencia, la amistad, la empatía, la verdad, la compasión y la fe. Esta misma pelea está ocurriendo dentro de ustedes y dentro de todos los seres de la tierra. Los niños lo pensaron un minuto y uno de ellos le preguntó: —Abuelo, dime, ¿cuál de los lobos ganará?», y el viejo simplemente respondió: —El que elijas y decidas alimentar.

Cuando tienes conciencia de los pensamientos que pasan por tu mente, de inmediato comienzas a identificar cuáles te hacen sentir incómodo, triste, enojado y fastidiado, con manifestaciones físicas tan variadas como cosquilleo en el estómago, sudor frío, llanto y respiración alterada; incluso llegas a sentir como si el corazón se arrugara. A continuación el pensamiento se apodera de tu mente, pues él tiene vida propia y, si no lo liberas o lo transformas, hará que tu estado de ánimo cambie y dejes de disfrutar lo que hacías o querías hacer en ese momento.

Pensamientos negativos

- *Rumiar en el pasado.* Son todos aquellos pensamientos con origen en el pasado, pero que al traerlos a la mente se convierten en presente. Estos pensamientos generan sentimientos que se transforman en resentimientos, pues los volvemos a sentir.

- *Malgastar el futuro.* Por estar pensando siempre en lo que pasará no disfrutamos del presente, el aquí y el ahora; nos llenamos de prevención, miedo y temor que paralizan y bloquean la capacidad creativa para tomar decisiones correctas. El momento presente nunca es insoportable. Lo que nos hace desesperar y angustiar es pensar en aquello que nos va a suceder en los próximos cinco minutos o quizás en las próximas horas, días o años. Por lo tanto, hay que reflexionar y, de una vez por todas, dejar de vivir en el futuro.

- *Perderse en las sombras del presente.* Ocurre cuando permitimos que los pensamientos invadan la mente con sentimientos destructivos, cuando jugamos el papel de verdugos o víctimas; cuando manipulamos a los demás inventando realidades totalmente distorsionadas, imaginando cosas que no son y que jamás han existido; cuando generamos pensamientos irresponsables para justificar la pereza mental, pensamientos llenos de intolerancia y prepotencia que nos llevan a hacer cosas que jamás hubiéramos querido hacer.

Ama, como le dicen cariñosamente a una de mis grandes maestras en la India, cuyo nombre real es Mata Amritanandamayi o «madre amorosa», tiene el poder de abrazarnos y liberarnos de todo lo que estamos cargando sin necesidad. En ocasiones, esta amorosa gurú abraza a más de 50 000 personas seguidas, sin descansar, sin levantarse de su sitio, sin ir al baño y sin comer, porque se encuentra en estado de *samadhi*, que es la absorción de la mente en la verdad que es el amor.

En medio de una audiencia que ella me concedió, habló sabiamente acerca de la importancia del pensamiento consciente, positivo y presente. Dijo que solamente existen dos días, cada semana, durante los cuales no tiene ningún sentido preocuparnos en absoluto, y en los que podemos mantenernos completamente libres de cualquier miedo, temor, prevención, ansiedad o rencor:

El ayer. A pesar de que lo hayamos vivido con todo tipo de sufrimientos, tristezas, equivocaciones, fracasos, o quizás con todas las alegrías y triunfos; aunque queramos recuperarlo y tengamos todos los poderes y la fuerza del mundo, jamás podremos traerlo de vuelta, porque es pasado y el pasado ya pasó. Ni siquiera podremos cambiar el más mínimo acto de amor ni el sentimiento de ira expresado a través de palabras hirientes o actos hostiles.

El mañana. Está totalmente fuera de nuestro control. No podemos controlar las cosas externas y menos aún manipularlas, porque aunque quisiéramos ver el bello sol naciente dos veces cada día, por más que madrugáramos solo saldría una vez y lo único que podemos hacer es disfrutarlo.

Así es la vida y así es el mundo. Has venido aquí para amarlos y disfrutarlos, pero no para cambiarlos. Lo único que puedes cambiar eres tú mismo, y lo único que puedes controlar, manipular o administrar realmente es el momento actual que estás viviendo aquí y ahora. No cargues un equipaje que no puedes siquiera levantar, porque el peso gigantesco del pasado y del futuro jamás podrás soportarlo y, cuando lo intentes ingenuamente, te vas a sentir tan frustrado que muy pronto te deprimirás.

Aprende, pues, a disfrutar y a vivir un solo día a la vez, gozando de todas las maravillas que Dios te ofrece. La pregunta hoy es: ¿qué estás esperando para empezar? ¡No dejes para mañana lo que puedas hacer hoy! Si quieres cambiar da ese paso con aceptación, conciencia pura, comprensión, tolerancia y sin agresividad, porque si no te aceptas tú mismo, ¿cómo vas a tolerar a los demás?

Cómo erradicar los pensamientos que nublan nuestra mente

1. Identifica tu pensamiento y su posible origen. Debes discernir si lo que piensas es algo positivo y te beneficia, o si es negativo y te afecta. En este último caso debes ir a la raíz principal que ha creado ese pensamiento. Pregúntate por su origen, si está en tus padres, profesores, amigos, pareja, en los medios de comunicación o en el ambiente que te rodea.
2. Experimenta tu pensamiento. Siente ese pensamiento, mira qué sentimiento te causa: dolor, ira, rencor, intranquilidad, tristeza, etcétera. Siéntelo con todos

tus sentidos. Concentra tu atención en el origen del dolor que te causa tal pensamiento. Acepta cualquier impresión sin reaccionar, sin resistirte y sin juicios. Reconoce que esos pensamientos y ese dolor no son tú mismo, sino una creación de tu mente. Responsabilízate de ese pensamiento, acepta que lo escogiste y que nadie te obligó. No debes culparte por tu elección, ya que en ese momento tuviste tus propias razones para aceptarlo. Permite que esa creación sea desintegrada, desmaterializada libérala y suéltala.

3. Reemplázalo. Cada vez que identifiques en tu mente un pensamiento negativo y destructivo, crea inmediatamente uno nuevo, constructivo y eficiente basado en el amor.

4. Desarrolla tu fuerza de voluntad. Cultiva la fuerza de tu espíritu a través del silencio, la meditación, la oración, el ayuno y el servicio amoroso.

5. Fortalece tu mente. A través de la visualización creativa utiliza todo el poder que está en tu imaginación para generar, de manera permanente, pensamientos amorosos de felicidad, satisfacción y entusiasmo.

6. Decide pensar siempre de manera positiva. Con conciencia pura elige lo que quieres y cómo lograrlo. Desde este momento deja de esperar y actúa.

Herramientas para transformar
el pensamiento

- Si piensas que vas a lograr algo, lo lograrás. Si piensas que no se puede, tienes razón: no se puede. Pero si piensas que se puede, también tienes toda la razón: se puede. Para lograr que todo lo que anhelas se materialice, elige deliberadamente una intención y concentra toda tu atención, imaginación y creatividad en experimentarla hasta el límite, con plena conciencia y percibiéndola con tus cinco sentidos, para que te motive a generar una acción instantánea. Empieza a repetir esa acción hasta que se convierta en un hábito. Si la repites frecuentemente, adquirirás la maestría para manejar y disfrutar tu vida de la manera que has elegido.

- Convierte tus problemas en oportunidades. Si quieres conseguir la clave para no tener problemas, te la voy a dar: muérete. El cementerio está lleno de personas que se creían indispensables e imprescindibles para el mundo. En nosotros está la fuerza interior para entender que en cada situación de la vida, nos guste o no, podemos encontrar una gran enseñanza, y todo lo que llamas fracasos, errores o problemas puedes convertirlos en sabiduría que te dará la luz en el camino para que no vuelvas a caer en ellos.

Un muchacho de diez años que perdió el brazo izquierdo
en un trágico accidente, tras recuperarse decidió aprender

yudo. Su sensei (maestro) era un anciano chino experto en este arte marcial, pero aunque el muchacho aprendía rápidamente, después de tres meses solo le había enseñado un movimiento. Cuando pidió que le enseñaran más movimientos, el sabio sensei le dijo que eso era todo lo que él necesitaba aprender.

Poco después el muchacho entró en un torneo y pronto logró clasificar a los juegos semifinales, con un rival mayor y más experimentado. No parecía que pudiese ganar, pero después de una larga lucha, su oponente empezó a perder la concentración y el muchacho aprovechó la ocasión para tirarlo al suelo.

En el camino a casa, el muchacho le preguntó al sensei: —¿Cómo pude ganar con un solo movimiento?. El sensei le contestó: —Tú has logrado dominar casi por completo uno de los movimientos más difíciles en todo el yudo. Y la única defensa que tu rival tenía contra ese movimiento era agarrarte por el brazo izquierdo.

Sé honesto contigo y descubre tus debilidades. A veces tu debilidad más grande puede convertirse en tu mayor fortaleza. Invoca la ayuda divina para lograrlo.

• Deja que todo fluya. Siempre debes fluir, porque entre lo que tú llamas «el bien y el mal» existe una energía infinita en movimiento que no debes dejar estancar en ninguno de los dos extremos. Si miras con atención, podrás contemplar esa viva relación de fuego que muestra cómo se movilizan permanentemente las fuerzas internas, llevándote de un estado de expansión total a un estado de contracción, y viceversa. En ese fluir permanente de energía siempre hay una regeneración, una renovación y un conocimiento, por eso nunca debes quedarte estático. El éxito en la vida está en fluir y mantenerse balanceado y suelto.

Al igual que un pintor, tú tienes un pincel y una paleta llena de colores, y puedes expresar y plasmar con creatividad tu pensamiento en esa pintura. La opción es tuya: puedes pintar el cielo o el infierno, y luego entrar en él. Solo hay una forma de que seas feliz y es dejar de preocuparte por lo que está fuera de tu control. Cuando algo inesperado ocurra, nunca te preguntes por qué pasó sino para qué. Siempre hay alguna oportunidad para aprender que el mundo está perfectamente orquestado dentro del plan divino. En la tierra no hay caos, el caos está en el pensamiento y en la percepción del mundo a través de los sentidos.

Érase una vez un rey que habiendo conocido la existencia de un sabio lo mandó traer para que fuera su consejero. Comenzó a llevarlo siempre a su lado, consultándole cada acontecimiento de importancia en el reino. El consejo del sabio era siempre el mismo: «Todo lo que sucede es siempre para bien». No pasó mucho tiempo antes de que el rey se cansara de oír lo mismo una y otra vez.

El rey amaba cazar y un día, accidentalmente, se disparó un tiro en un pie. Presa del dolor, se volvió hacia el consejero —siempre a su lado— para pedirle su opinión, y este respondió lo mismo: «Todo lo que sucede es siempre para bien». Entonces se sumó la rabia al dolor del rey y ordenó que su consejero fuera llevado a prisión. Esa noche, el rey fue allí para verlo y le preguntó qué sentía por estar en la cárcel. Este respondió como siempre: «Todo lo que sucede es siempre para bien». Se enfureció aún más el monarca y dejó al sabio en la prisión.

Un mes más tarde salió el rey otra vez de cacería, pero se alejó demasiado de sus acompañantes y fue capturado por una tribu hostil. Los nativos lo llevaron al pueblo para sacrificarlo a sus dioses. Por sus tradiciones, solamente ofrendas perfectas eran aceptables y el rey parecía un espécimen excepcional. Pero al día siguiente, cuando lo iban a sacrificar, lo inspeccionaron, descubrieron la cicatriz en su pie y tuvieron que rechazarlo para el sacrificio. Cuando lo soltaron se fue veloz como una flecha para su reino, captando por fin lo que le decía su consejero: «Todo lo que sucede es siempre para bien». El rey llegó a liberar al consejero, quien al oír sus aventuras le señaló: —Estuvo bien haberme encarcelado porque yo siempre estaba a tu lado y no tengo imperfección alguna. Me hubieran sacrificado a mí en tu lugar.

No existen coincidencias, accidentes o suerte (buena o mala), todo lo que pasa tiene un propósito y siempre sucede para nuestro bien.

Ejercicio para fortalecer el pensamiento

Al fortalecer tu espíritu, al liberar y purificar tu cuerpo de toxinas, con este ejercicio desarrollarás la fuerza de voluntad que será la herramienta más útil para lograr la tan anhelada paz, producto de la armonía entre mente, cuerpo y espíritu. También aprenderás a enfocar y concentrar tus pensamientos en un punto u objeto determinado, para poder disfrutar con conciencia pura el aquí y el ahora, en vez de malgastar tiempo y energía en pensamientos, sentimientos y emociones negativas del pasado o del futuro.

Desde la noche anterior, empieza a escuchar tus pensamientos y esa voz interior que generalmente te lleva a hacer y a sentir cosas que no quieres. Si observas con atención, te darás cuenta de que esa voz será tu principal obstáculo para poder realizar con éxito este ejercicio. Probablemente te dirá: «Tú estás bien, tienes una gran fuerza de voluntad, no necesitas hacer ese ejercicio. Además, tienes dolor de cabeza, te estás sintiendo débil, tu estómago está pesado y te va a dar acidez estomacal». Si esto sucede, reemplaza inmediatamente estas ideas por pensamientos positivos.

Cuando tomes la decisión de llevar a cabo el ejercicio, la noche anterior, come poco y despacio. Al despertar, al día siguiente, bebe un vaso de agua lentamente, nota cómo desciende hasta tu estómago y siente cómo se empieza a purificar tu cuerpo. En este momento comienza tu ayuno, ya que no podrás comer nada hasta el almuerzo del día siguiente. Podrás tomar toda el agua que desees. Los veinte minutos que te tomas generalmente para desayunar vas a compartirlos con un ser humano necesitado, ya sea un mendigo, un niño de la calle, un anciano desprotegido o cualquier persona que esté pasando hambre. Vas a sentarte a compartir tu tiempo mientras él desayuna y saborea la comida a la que tú lo has invitado en una cafetería o le has llevado de tu casa. Repetirás lo mismo a la hora del almuerzo, de la cena y del desayuno del día siguiente. Puedes invitar a las personas que desees, lo importante es que compartas con ellas y escuches lo que te cuentan sin juzgar, condicionar o exigir nada a cambio. Y recuerda que si quieres llegar al corazón de un ser humano, debes aprender a escucharlo amorosamente.

El poder de la palabra amorosa

No es lo que entra por la boca lo que contamina,
sino lo que sale de ella. Cuando el corazón está turbio,
el resultado es esa palabra que destruye.

Cuando contemplamos plácidamente un jardín, comprendemos que todas esas plantas que ayer fueron semillas y hoy abren sus brazos majestuosos hacia el cielo, como en señal de oración o quizás de agradecimiento, necesitaron además cuidado diario, agua, luz y nutrientes para poder vivir. Si a esas plantas en lugar de agua les hubieran puesto ácidos o sustancias tóxicas, y las hubieran colocado en la oscuridad, muy pronto se habrían debilitado y quebrado sus ramas, y ya no existiría un jardín sino un rastrojo lleno de maleza y ramas secas.

Así mismo es nuestra mente. Cuando la regamos diariamente con palabras reconfortantes de luz y amor los frutos se verán reflejados no solo en nuestra armonía interior (en el cuerpo, la mente, el alma y el espíritu), sino en la verdadera armonización con todo lo que nos rodea. Si no conocemos y alimentamos nuestra naturaleza interior con palabras adecuadas, no podemos pretender disfrutar de unas relaciones sanas y constructivas con las personas que a diario nos rodean.

Cuando tenía unos quince años, al pasar en el bus del colegio por el teatro Los Fundadores, en Manizales, vi un anuncio de un curso que decía: «El poder de la mente y la hipnosis. Todo lo que usted piensa se hará realidad». Recuerdo que ese día enloquecí a mis padres para que me dejaran hacer ese curso, que duraba toda la semana de siete a diez de la noche. En esa época, los años sesenta, teníamos que acostarnos a las siete de la noche, inmediatamente después de cenar. Hacer el curso implicaba un gran trasnocho, y además el fin de semana también debía estar reunido en el teatro con todos los psicólogos y psiquiatras de aquella época, pero finalmente mis padres en vista de tanta insistencia me dejaron asistir.

Aún recuerdo aquel sábado como si fuese ayer. Antes de la hora del almuerzo ya teníamos un ejercicio para desarrollar en nuestras casas. Era aparentemente sencillo, pero quedó grabado en mi mente y en mi corazón. Teníamos que escribir en un papel tres grandes dones o virtudes de cada uno de los seres queridos con quienes vivíamos y expresarles ese sentimiento en forma cálida, mirándolo fijamente a los ojos y haciendo contacto físico, ya fuese con abrazos o tomándolos de las manos.

Jaime, mi viejo, se encontraba aquel sábado en su almacén El Pintor atendiendo a dos pintores, Luna y Plutarco. Yo entré a la carrera y, mirándolo a los ojos, interrumpí su conversación para decirle que era el mejor papá del mundo, que siempre había sido muy bueno conmigo, que sus consejos eran sabios y que cuando yo creciera quería ser como él porque lo admiraba mucho. Lo abracé fuertemente y lo besé. Creo que nunca en la vida lo había visto más asustado y asombrado. Aún recuerdo su expresión de desconcierto. No sabía cómo explicarles a Plutarco y a Luna que yo no era así, y que esa educación y esos modales tan raros jamás me los había enseñado.

Luego salí para la casa y al ver a mi madre corrí hacia ella, la abracé y le dije mirándola fija y dulcemente a sus ojos: —Eres la mamá más linda del mundo. ¡No sabes cuánto te amo! ¡Eres tan tierna, me has dado tanto amor y me has enseñado tantas cosas, que eres única en el mundo!. Yo estaba totalmente inspirado haciendo el ejercicio, cuando de repente me retiró los brazos y me dijo: —¿Usted fue que se la fumó verde o qué? ¿Dónde andaba, petacón? ¿Con quién estaba? ¿Por qué no fue al teatro?. Recuerdo que mi madre levantó el teléfono para simular que llamaba al teatro y preguntó si yo había estado allí.

Hasta ahí el ejercicio iba más o menos bien. La parte más dura venía a continuación, ya que tenía que hacer lo mismo con mi hermano Fernando, con quien peleaba un día sí y al otro... ¡pues también! Debía expresarle tres de sus virtudes, y para mí, en aquella época, él no tenía ninguna. Infructuosamente buscaba dones ocultos, virtudes escondidas, pero no encontraba nada. Finalmente encontré tres virtudes sacadas a la fuerza. Entré muy derecho y alegre, para decirle esas palabras tan importantes, y lo saludé: —Hola, Fernando, ¿cómo vas?. —Pero ni me contestó. Sólo se quedó mirándome. Entonces le dije: —Oye, he venido a decirte que eres un hermano muy... mmm..., pero por más que quería expresarle mi sentimiento, no podía.

Era incapaz de decirle nada. Me concentré y recordé las palabras de mi maestra de meditación, cuando me decía que tenía que aprender a hablar amorosamente para que me escucharan. En ese momento de reflexión y dudas, una voz fuerte me sacó de mis pensamientos diciéndome: —¿Es que se embobó o qué? ¿Qué quiere?. En aquel instante pensé que era mejor no decirle nada, pues ni se lo merecía, pero respiré profundo y le dije: —Es que yo quería decirte que eres muy inteligente, buen hermano y noble. Por cada palabra me llegaban mil defectos a la mente, pero me fui acercando lentamente a él, en un gesto de buen hermano, para darle aquel abrazo. —Fernando, yo te quiero mucho, te amo y quiero decirte que... No había terminado de hablar cuando me interrumpió con una voz mucho más despectiva y fuerte, abriendo sus ojos como nunca lo había hecho: —¿Es que usted se volvió del otro equipo?.

Obtuve un rechazo total por haber expresado mis sentimientos y hablar amorosamente. Pero tuve dos opciones: quedarme callado y no hacer nada, de lo cual hoy quizás me estaría lamentando, por haber perdido todas esas oportunidades de expresar a mis seres queridos y amigos cuánto los aprecio y quiero; o actuar aun en contra de mi propia mente y mi orgullo, que me decían que no era necesario hacerlo y que con el primer rechazo debería haber suspendido el ejercicio, para quedarme cómodamente sentado y actuar en forma indiferente, pero con frustración.

Cuando pensamos positivamente y hablamos con amor, todo cambia. Desafortunadamente, por el virus adquirido a lo largo de la vida, no somos ni siquiera capaces de hablar de manera positiva y menos aún de expresar un sentimiento. A veces esperamos momentos grandiosos y muy especiales para decirles a los seres queridos cuánto los amamos, pero tales momentos casi nunca llegan. Por ello quiero proponer algo en apariencia atemorizante, pesimista o quizás irreal, pero fundamental en este proceso: imagina que en este momento suena el teléfono y te dicen que esos seres que tanto amas murieron en un atentado terrorista. Profundicemos en lo que sentirías. Probablemente, los primeros sentimientos serían de dolor por haberlos perdido para siempre, pero también de impotencia por no haber podido evitarlo, y de remordimiento por no haber pasado más tiempo con ellos, escucharlos más y expresarles cuánto los amabas.

Quizás sientas arrepentimiento además por no haberles perdonado sus fallas y equivocaciones.

Si entendemos que todo es simple y expresamos a tiempo a nuestros seres queridos cuánto los amamos, realmente vamos a tener relaciones más armoniosas y llenas de amor. Pero muchas veces, desafortunadamente, solo cuando ellos entran al quirófano, a cuidados intensivos o, peor aún, cuando ya han muerto, es cuando somos capaces de decir una palabra amorosa.

Muchas personas van todos los domingos al cementerio a visitar a sus seres queridos para llevarles flores, regalos y serenatas, o para sostener con ellos «diálogos» a veces interminables. Además, si por alguna razón no han podido frecuentarlos cada semana, sienten remordimiento. Mi pregunta es: cuando esos seres estaban vivos, ¿cuántas veces les dieron rosas? ¿Cuántas veces les llevaron serenatas o les dedicaron tanto tiempo? Quizás nunca o casi nunca. Vivimos en una época de inconsciencia o falta de coherencia. ¿De qué sirve toda la tecnología desarrollada para poner un satélite en la Luna, o un hombre en Marte, si ni siquiera somos capaces de comunicarnos con nuestros hijos, padres u otros seres queridos? Cada día tenemos casas más cómodas, pero menos hogares; más ciencia y menos paciencia y tolerancia con los demás.

Había una vez un niño con muy mal carácter. Su padre le dio una bolsa de clavos y le dijo que clavara uno en la cerca del jardín cada vez que perdiera la paciencia y discutiera con alguien.

El primer día clavó 37, pero con el paso de las semanas aprendió a controlarse y el número de clavos incrustados en la cerca disminuía cada día. Había descubierto que era más fácil controlarse que clavar en la cerca.

Semanas después, fue a ver a su padre y le dijo que durante ese día no había clavado ninguno. Este le dijo entonces que quitara un clavo de la cerca por cada día que no perdiera la paciencia. Los días pasaron y finalmente el niño pudo decirle a su padre que los había removido todos.

El padre llevó a su hijo a la cerca y le dijo: —Hijo mío, te has comportado bien, pero mira todos los huecos que hay en la cerca. Ella no será jamás como antes. Cuando te peleas con alguien y le dices algo malo, le causas una herida como esta. Puedes clavar un cuchillo en un hombre y después retirarlo, pero quedará siempre una herida. Sin importar cuántas veces te disculpes, la cicatriz permanecerá.

Una herida verbal hace tanto daño como una herida física.

Qué información nos afecta y de qué manera

Pensemos por un momento en cuáles son las palabras que más escuchábamos cuando éramos pequeños. Si las analizamos una a una, encontraremos que son las responsables directas de todas nuestras frustraciones, dolores, angustias y temores. Esas cadenas limitantes no nos dejan actuar, sino que nos manipulan con innumerables pensamientos de prevención y dudas, nunca nos permiten gozar de paz interior y han sido la causa de resultados que pudiendo haber sido maravillosos han sido mediocres.

De niños, con toda inocencia y sin perder nunca el asombro, frecuentemente oímos palabras, dirigidas a nosotros o a nuestros amigos de infancia, en este tono: «Usted no parece hijo mío, no sirve para nada, parece un idiota, me tiene loco, me desespera, es bruto, ¿por qué no piensa?». Es muy importante identificarlas, agruparlas, saber de dónde vienen y hacia dónde nos están llevando, porque al aceptarlas y abrazarlas sin resistencia podremos transformarlas en palabras llenas de sabiduría y que dignifiquen nuestra vida. ¿Cómo podemos cambiar algo sin saber siquiera qué es? Tenemos que llegar a la raíz del dolor, una semilla sembrada en la mente que germina llenando la vida de dudas.

Si prestamos atención a una serie continua y permanente de palabras y eventos, provenientes de diferentes fuentes como la televisión, la radio, la prensa y el internet nos damos cuenta de que estamos recibiendo información netamente negativa, morbosa y destructiva. Pero podemos diseñar unos mecanismos para filtrar toda esa información que perturba la paz interior, nubla el conocimiento, distorsiona la realidad y nos somete a vivir condicionados.

Hace muchos años, tomé la decisión de no leer prensa amarillista, no ver noticieros llenos de violencia ni leer revistas en las cuales malgastaba dos horas diarias para sentirme actualizado. Un día me di cuenta, gracias a Dios, de que ese era un sofisma de distracción, pues con ello lo único que lograba era aprender valores, condicionamientos y adoctrinamientos falsos, difundidos por unos cuantos grupos económicos que buscan satisfacer sus intereses particulares y alimentar, por medio de estos canales, el consumismo, la distorsión de valores y una vida irreal. Actualmente, lo que hago es leer buenos libros que reconforten mi espíritu, ver buenas películas y programas de televisión que contengan información positiva y enriquecedora.

Hace algunos días, mientras almorzaba en un restaurante, se oía a lo lejos el ruido molesto de un televisor que no armonizaba con la tranquilidad del lugar. De repente interrumpieron la transmisión del programa y escuché una voz que decía: «¡Exclusivo! ¡Última hora! Tenemos noticias de la masacre en la que seis personas fueron acribilladas, e imágenes exclusivas de nuestro periodista transmitiendo desde el lugar de los hechos». En ese momento, como si fuéramos ratones de laboratorio, todos interrumpimos nuestra agradable comida para presenciar tan grotesca noticia.

Lo que más me impresionó fue que nadie estaba viendo televisión ni le prestaba atención al programa que transmitían un momento antes, pero con solo oír «¡Exclusiva! ¡Última hora!», la gente se levantó de sus asientos, subió el volumen al televisor y todo empezó a girar alrededor de aquella terrible noticia, mientras nos mostraban imágenes de una de las niñas asesinadas, con su vestido ensangrentado. Entendí que el dolor, el sufrimiento y la desgracia de los otros mueven a la gente y, como podemos corroborar, logran la mayor sintonía. Por eso debemos despertar, tomar conciencia, balancear y filtrar la información con la cual nos bombardean.

No confiemos ingenuamente en toda la información —o desinformación— suministrada a través de la palabra. Cuando esta es expresada a partir del ego, la manipulación o la fuerza, jamás podrá tener eco en nuestra vida si tenemos conciencia de lo que estamos oyendo. Esto me hace recordar un proverbio que vi a la entrada de un monasterio, en las montañas del Tíbet:

Puedes obligar a alguien a comer, pero no puedes obligarlo a sentir hambre; puedes obligar a que te elogien, pero no a sentir admiración; puedes obligar a que te cuenten un secreto, pero no a inspirar confianza; puedes obligar a alguien a acostarse, pero no a dormir; puedes obligar a que te sirvan, pero no a que te amen; puedes obligar a que te hablen, pero no a que te escuchen.

Herramientas para lograr una comunicación adecuada

- Debes saber hablar para que te escuchen. ¿Alguna vez te has preguntado por qué Dios te dio dos orejas, dos ojos y una sola boca? La respuesta es muy sencilla: para que no hables tanto.

- Debes saber escuchar para que te hablen. Cuando alguien te llegue con críticas, escucha solo aquellas que sean constructivas y aporten algo bueno, pero no hagas caso a chismes, habladurías o palabras que de una forma u otra perturben tu paz interior o la de los otros.

- Que tus palabras sean más elocuentes y convincentes que el silencio. Nunca utilices la palabra para comparar o despreciar a los otros. Si no tienes nada constructivo que decir, guarda silencio. Busca lo bueno en las personas y exprésalo con aquellas palabras reconfortantes y de admiración que nunca has dicho porque supones que el otro «ya lo sabe».

- Escucha solo la voz de tu conciencia. No permitas que te presionen a actuar o a hacer cosas que tu conciencia te aconseja no hacer ni dejes de hacer aquello que, bien sabes, debes hacer. Aprende a decir no.

- Déjate guiar por las intuiciones, los presentimientos y las percepciones, son la manera como el corazón se conecta con la mente. Por eso, en silencio, escucha con atención. Habla con precaución y actúa con una firme decisión, de acuerdo con lo que tú sientes y no con lo que otros sienten.

- No importa lo que te hayan dicho a lo largo de la vida. Lo importante es que hoy tengas conciencia de que debes transformar todos esos condicionamientos en palabras liberadoras, constructivas y motivadoras para ti y para los otros. Nutre la mente en cada despertar con palabras que además reconforten el espíritu y reafirmen tus propósitos y tu misión en la vida.

- Toma conciencia de toda la información a la que estás expuesto. Genera un filtro para que no entren en tu mente los contenidos negativos, destructivos y corrosivos que recibes a diario por los diferentes medios de comunicación.

Que no te pase como al señor de esta historia:

Se cuenta que un hombre soberbio y de mal carácter iba de viaje en su auto cuando, de pronto, observó a un campesino detenido al lado de la vía. Al pasar al lado del humilde hombre, este gritó: «¡Cerdo! ¡Cerdo!». El viajero se llenó de ira y soltó una palabrota mientras seguía a toda velocidad pero, un poco más adelante, tan pronto como tomó una curva, se chocó con un cerdo muerto en la mitad de la vía.

«Nunca dejes que muera el sol sin que hayan muerto tus rencores», decía Mahatma Gandhi. Y esto me recuerda otra historia popular, esta vez de Oriente, que ilustra muy bien cómo a veces nos volvemos intolerantes y agresivos, y después nos arrepentimos por haber dicho cosas que nunca hubiéramos querido decir.

Un día, el sabio Meher Baba preguntó a sus discípulos:
—¿Por qué las personas se gritan cuando están enojadas?
Aquellos hombres pensaron un momento.

—*Porque perdemos la calma* —*dijo uno*—. *Por eso gritamos.*

—*Pero ¿para qué gritar cuando la otra persona está a tu lado?* —*preguntó Baba*—. *¿No es posible hablarle en voz baja? ¿Por qué gritas a una persona cuando estás enojado?*

Los hombres dieron algunas otras respuestas pero ninguna de ellas satisfizo a Baba. Finalmente, él explicó:

—*Cuando dos personas están enojadas, sus corazones se alejan mucho. Para cubrir esa distancia deben gritar, para poder escucharse. Mientras más enojadas estén, más fuerte tendrán que gritar para oírse a través de esa gran distancia.*

Luego Baba preguntó:

—*¿Qué sucede cuando dos personas se enamoran? Ellas no gritan sino que hablan suavemente. ¿Por qué? Sus corazones están muy cerca. La distancia entre ellas es muy corta.*

Y continuó:

—*Cuando se enamoran más aún, ¿qué sucede? No hablan, solo susurran y se vuelven más cercanas en su amor. Finalmente, no necesitan ni siquiera susurrar, solo se miran y eso es todo. Así de cerca están dos personas cuando se aman.*

Para terminar, añadió:

—*Cuando discutan no dejen que sus corazones se alejen, no digan palabras que los distancien más, pues llegará un día en que la distancia sea tanta que no encontrarán ya el camino de regreso.*

Ejercicio para tomar conciencia al hablar y al escuchar

Toma conciencia de todo lo que te dices a ti mismo y de lo que dices a otros. Identifica de qué manera les hablas a tus hijos, a tu pareja, a tus padres, a tus amigos, a tus compañeros de trabajo y a todos los que comparten contigo diariamente.

Escribe en un papel las palabras que predominan y se repiten, quizás de manera inconsciente, en tu lenguaje diario. Concéntrate en identificar contenidos como éstos: «Siempre es lo mismo», «¿Por qué me sucede esto a mí?», «Nadie me ama», «¿Por qué no lo hice?», «Yo soy así y no puedo cambiar». Ellos reflejan que en la comunicación interna y externa predominan el temor o el pesimismo.

Al siguiente día, escribe las palabras afirmativas con las cuales empezarás a hablarte a ti mismo y a otras personas, durante mínimo 21 días, para crear el hábito.

Toma conciencia de todo lo que escuchas durante un día. ¿Cómo te hablan los otros? De esa información que recibes, ¿qué te afecta y de qué manera?

Durante un día, no veas televisión ni leas la prensa aunque tengas muchas ganas de hacerlo. Al final del día, revisa los cambios que sentiste y escríbelos.

Liberándonos de los juicios

No importa lo que digan de ti, lo importante es lo que te dices tú mismo en cada amanecer.

Cuando nos acercamos a observar un cactus polvoriento, resquebrajado, seco, lleno de espinas, podemos advertir que en su interior es totalmente tierno, fresco, húmedo y lleno de nutrientes que producirán un fruto rojo y bello, sobresaliente en medio del desierto.

De la misma manera, muchas veces juzgamos a los seres humanos por sus apariencias externas, sin importar cómo es su interior y los frutos que pueden dar o quizás ya han dado.

Recuerdo que en el colegio todos mis compañeros creían que estaba loco, pues era diferente de los demás. Cada vez que me gritaban o me decían «loco», reaccionaba con violencia porque sentía que me comparaban con un famoso loquito callejero llamado Nazario. Este personaje, de barba despoblada como la de un chivo, siempre andaba con la ropa raída y un costal viejo y sucio. Se golpeaba la cabeza y las piernas con sus puños, actuaba de manera incoherente y perseguía a los niños que le gritaban su nombre. Yo sentía que sus reacciones no tenían sentido y que sus comportamientos eran agresivos, mientras que los míos tenían lógica y razón de ser. Por eso, no aceptaba que me llamaran como a ese loco.

Cierta vez un compañero a quien llamábamos Tamba, mucho más grande y acuerpado que yo, me dijo loco. Comencé a pegarle pero sonó la campana para entrar a clase y decidí mandarle una nota que decía: «Tamba, te espero en el árbol a las 4:30 p. m.». Llegamos al sitio de la pelea y ni siquiera me había acomodado bien cuando ya tenía puesto un puñetazo en la barriga. Al agacharme, Tamba me metió otro gancho de derecha en la nariz y después unos cuantos golpes más.

Me dio un puntapié al final y me preguntó si me rendía. Le dije que sí, pero que yo no estaba loco. Salí totalmente mareado y ensangrentado, con la camisa sin botones, las calzonarias reventadas y el ojo inflamado.

Al llegar a casa de mi abuelo, él se encontraba sentado en el sofá oyendo en su vitrola la grabación de un poema de san Francisco de Asís, cuando me dijo: —Mijo, ¿qué te pasó? Pareces un loco. Por supuesto que en ese momento de nuevo me puse enojadísimo, y le dije: —Abuelo, todo el mundo me dice loco, todos los días peleo en el colegio con mis amigos y además tú también me insultas. Él se acercó con su mirada bondadosa, me sentó en una silla alta y me contó con una voz cálida y serena un cuento que aquella tarde cambió mi percepción de la vida:

En cierta ocasión un arriero iba de Manizales hacia la plaza de Berrío, en Medellín, y al partir le echó encima a su mula un bulto de café, montó a su hijo y él también se subió. Cuando llegaron a la cantina del siguiente pueblo, que era Chinchiná, la gente que estaba allí tomando café o licor salió y exclamó: «¡Esto es increíble, miren a ese arriero! Es un salvaje, no tiene corazón. Además de su pesada carga y su hijo, se montó él también en la mula. ¡Qué descarado!». Él inmediatamente se bajó de la mula y la siguió llevando del cabestro.

Cuando llegaron a la próxima cantina, la gente que estaba allí exclamó: «¡Esto sí es increíble, miren a aquel viejo imbécil! Él a pie, y ese niño lleno de vida va muy *campante en la mula. ¿Qué educación le está dando a ese niño? Va a ser muy consentido y no va a servir para nada». El arriero de inmediato bajó al niño de la mula y le dijo que se fuera a pie. El viejo se subió a la mula y el niño llevó a la mula del cabestro.*

Al llegar a la siguiente cantina, toda la gente exclamó: «¡Qué viejo sinvergüenza y desgraciado! ¿Cómo puede poner a caminar a esa pequeña criatura, y él muy campante en la mula?». Para no hacer muy largo el cuento, al llegar a su destino final, en la plaza de Berrío en Medellín, el niño iba cargando el bulto de café al hombro y el arriero cargaba la mula.

En cuanto mi abuelo terminó el cuento, me dijo:
—Si continúas escuchando todo lo que la gente y tus compañeros dicen de ti, vas a vivir siempre triste y amargado. Debes aprender a escuchar la voz interior que sale de tu corazón. Siempre que ellos te critiquen o te ofendan devuélveles amor. Al oír estas palabras sabias entendí que en la vida solo hay dos opciones: creer lo que la gente dice de uno y amargarse la vida viviendo pendiente del «qué dirán», o aprender a no dar importancia a lo que digan sino a lo que uno se dice a sí mismo en cada amanecer.

Desde niños nos programaron para vivir pendientes del «qué dirán», para buscar el reconocimiento, la aprobación, la adulación y la aceptación de los otros. Nos enseñaron a compararnos y a competir con nuestros amigos y compañeros en todos los campos (emocional, espiritual, físico y material); a no vivir nunca nuestros sueños sino los de otros, a esforzarnos incansablemente por tratar de complacerlos, hacerlos felices y conseguir así la aprobación de nuestro círculo social. Continuamente nos enseñaban a ser egoístas, a no prestar nuestros juguetes y pertenencias, y a ser siempre los números uno en todo, para así sentirnos poderosos y manipular a otros. Si por algún motivo no lográbamos algo utilizábamos el mecanismo de la pataleta, la amenaza, la agresividad, la lloriqueada o la indiferencia, a tal punto que hoy no vivimos la vida ni hacemos lo que nos gusta, por tratar de amoldarnos a un sistema de creencias falsas y cadenas limitantes. Y como si fuera poco, además de que nos juzgaban, nos programaron para ser jueces implacables, sin compasión alguna por lo que sienten los otros con nuestras críticas.

Y en esa cadena de comparaciones, competencias y búsquedas infinitas de aprobación, aprendimos a criticarnos despiadadamente y a no valorarnos por lo que somos, sino a fijarnos en lo que no tenemos y en lo que no hemos hecho. Esto nos ocasiona desdicha e insatisfacción y nos lleva a perder nuestra autoestima. Lo peor de todo es que si bien crecimos y ya no somos niños, en la mayoría de los casos seguimos actuando de la misma manera, y perpetuamos en nuestros hijos todas las cadenas de egoísmo, manipulación y frustración.

cuando observé al niño pude ver su desesperación y su miedo; además, en el tono de su voz se sentían el dolor y el frío que padecía no solo en su cuerpo, sino en su alma. Entonces le dije que se subiera a la camioneta y de la parte de atrás tomara un saco para que se abrigara.

El niño se subió rápidamente y tomó un saco de lana gruesa que le llegaba hasta las rodillas, las mangas le cubrían las manos y todavía sobraba. Le dije que ese le quedaba grande, que se pusiera uno más pequeño, pero ya había cogido el grueso saco de cachemir inglés así que se lo remangó y subió hasta la barriga. Luego me miró a los ojos fijamente y me dijo que le quedaba bueno. Yo no pude más que sonreír y le dije que sacara también otro más pequeño. De inmediato se puso dos sacos de menor tamaño y sobre ellos el gigantón de cachemir.

En aquel momento me dirigía hacia un restaurante de comidas rápidas, abierto 24 horas, a comer un pincho de res y una mazorca con queso derretido. Le pregunté al niño, que se llamaba Mauricio, si quería comer algo. Sus ojos se encendieron de felicidad y me dijo: —¡Claro que sí!. Se comió la mazorca de un tirón, el pincho desapareció como en una pasada de cepillo de dientes y el refresco se lo tomó de un solo golpe. Al terminar, me miró e inclinó ligeramente su cabeza a un lado, como diciendo: —¿Será que puedo repetir?. Le pregunté si había quedado con hambre. Obviamente me dijo que sí y repitió de todo. Luego empezó a temblar y a decir que tenía mucho frío. En ese instante lo juzgué de nuevo: ¿cómo era posible que tuviera frío si acababa de darse tremenda comilona, tenía tres sacos puestos y estaba dentro de la camioneta? La verdad era que el niño tenía fiebre, pues estaba resfriado.

Me contó que vivía en el barrio Lucero Alto, en Ciudad Bolívar (una de las zonas más pobres de Bogotá). Le pregunté cuánto se demoraba en llegar allí y me respondió: —Depende. A veces cinco, seis u ocho horas, porque me voy a pie para ahorrar lo del transporte. En aquellas correrías nocturnas ya lo habían perseguido, atracado y violado. Me ofrecí a llevarlo hasta su casa pero cuando llegamos a los alrededores del barrio le pregunté hacia dónde debíamos seguir y me dijo que él no vivía ahí. En aquel instante lo volví a juzgar, y le pregunté disgustado por qué me había engañado. Me contestó: —Lo que pasa es que yo vivo en la cima de la otra montaña. Tuve que ponerle la doble transmisión a la camioneta para subir hasta allá.

Al llegar, me señaló un tugurio de latas justo al borde del barranco. Quitamos la puerta, pues era removible, y al entrar me di cuenta de que no tenían agua pero sí luz y televisión, obviamente pirateadas. Con gran sorpresa vi a una señora cómodamente acostada sobre unos colchones, rodeada por un montón de niños y niñas en una atmósfera recalcitrante a orina. Saludé a la señora y le pregunté cómo estaba. Ella, con una gran sonrisa, me respondió que se encontraba muy bien gracias a Dios, a la Virgen y a unos ángeles cuyos nombres no recuerdo. Cuando miré la escena, pensé juzgándola: «¡Qué tal la descarada! Cómo no va a estar bien ahí acostada viendo televisión mientras su pequeña criatura trabaja toda la noche».

La señora me preguntó si yo era Papá Jaime y comentó que siempre me veía en el programa de televisión *Muy buenos días*. De nuevo la juzgué diciéndome: «¡Es increíble! ¡Vieja descarada, manipuladora, abusadora e irresponsable! Se la pasa viendo televisión mientras su hijito trabaja». Me pidió que me acercara a explicarle el ejercicio del perdón, pues en el programa me había escuchado decir que perdonar no es olvidar, sino recordar sin dolor. Le pregunté a quién quería perdonar y ella me contestó: «¿Ve a esa niña de trenzas que está allí? Pues bien, su padrastro intentó abusar de ella y cuando me interpuse en su camino, me levantó del piso, me tiró contra la pared y caí de espaldas en la esquina de una mesa. Desde ese día quedé paralítica».

En aquel instante entendí las dos lecciones que Dios y la vida me daban. Primera: todas las veces que juzgué estuve equivocado, y segunda: ¿cómo era posible que una persona en esas condiciones me pudiera responder sonriendo que estaba muy bien gracias a Dios, a la Virgen y a aquellos ángeles, mientras nosotros nos quejamos por los altos impuestos, el mal clima, por no tener televisor de pantalla plana y ropa de marca? Generalmente nos preocupamos por lo que falta en vez de disfrutar lo que tenemos. Antes de juzgar, recordemos siempre estas grandes lecciones y este testimonio; porque cuando apuntamos con el índice para juzgar a los demás, tres dedos apuntan hacia nosotros a manera de triple recriminación, como diciendo: «¿Y tú qué has hecho?».

Todos los días me despierto a las cuatro de la mañana para subir a la montaña, ir al mar o estar en contacto con la naturaleza. En ese momento mágico en el que desaparece la última estrella y sale la luz, regreso de nuevo a la ciudad para empezar mis labores. Una de esas mañanas me sorprendieron varios ladrones en el cerro de Guadalupe, en Bogotá. El mayor de ellos me dijo con voz agitada, mientras sostenía un cuchillo que temblaba al ritmo de su corazón: —Deme todo lo que tiene que esto es un atraco. Entonces lo miré fijamente y le dije: —Pues yo sé que es un atraco, pero baje ese cuchillo que se va a sacar un ojo, y —añadí con tranquilidad—: Como puede notar, no llevo nada de valor, pero si necesita algo le ayudo con mucho gusto. De inmediato desapareció de su rostro esa cara de angustia, y al reconocerme me dijo emocionado y sollozando: —Mire, Papá Jaime, yo no soy atracador ni ladrón, y este muchacho que usted ve ahí es mi hijo, a quien le he enseñado a ser honesto, a respetar, a servir y a tener buenos modales. Pero sucede que mi hija se encuentra muy grave, está hospitalizada y no la atienden porque no tenemos plata para los medicamentos. Yo era empleado de la Empresa de Teléfonos de Bogotá, me echaron por convención y no tengo seguro para cubrir los gastos médicos. Por eso nos hemos venido a robar aquí. Si no hago esto, no podré salvar a mi hija.

Me fui con ellos al hospital y les conté a los médicos la historia. A la joven le hicieron la cirugía y le dieron tratamiento médico gratis. ¡Cuántas veces nos equivocamos al juzgar por las apariencias! ¡Cómo juzgamos, y más a un atracador como el de esta historia! Pero al ponernos en sus zapatos y ver lo que hay detrás de estas acciones, podemos comprender la situación. Por eso es tan importante que cuando nos odien o traten de ofendernos devolvamos siempre amor, porque no hay causa sin efecto y viceversa. Estamos aquí no para juzgar a la humanidad, sino para amarla.

Cuando los otros nos juzgan

Si hablan mal de ti y lo que dicen es cierto, revisa tus acciones y cambia a conciencia tus elecciones. Si, por el contrario, es falso y se trata de críticas infundadas y chismes, échate a reír, ignóralos y disfruta intensamente el aquí y el ahora, ya que no puedes cambiar lo que otros piensen y digan de ti. Si tratas de justificarte y hacerlos entender, solo lograrás sentir un gran dolor o frustración. Cuando tratas de enseñarle a cantar a un marrano, por más fe y perseverancia que tengas nunca lo lograrás y si insistes con terquedad, el marrano probablemente se enfadará y te morderá.

En cierta ocasión un señor compró un lindo y costoso conejo para sus hijos, que insistían en tener una mascota. Su vecino no tenía dinero para comprar un conejo, así que les compró a los suyos un pequeño perro callejero. El dueño del conejo reclamó a su vecino por haber comprado un perro que podría comerse al fino conejo en el primer descuido. Pero el dueño del perro le contestó que habían sido muy buenos vecinos y que sus hijos se habían criado juntos, de modo que ambas mascotas podrían crecer juntas y ser muy buenas amigas.

Así sucedió durante siete años, al cabo de los cuales, un viernes inolvidable, los dueños del conejo se fueron de vacaciones. Al otro día, el perro entró sorpresivamente a su casa con el conejo muerto y lleno de tierra, clavado entre sus dientes. Los dueños del perro al ver este espectáculo se asustaron mucho; recordaron las advertencias de su vecino y castigaron fuertemente al perro, dejándolo a la intemperie, sin comida y encadenado. De inmediato, subieron el conejo al baño, lo lavaron con champú, lo limpiaron, desinfectaron y peinaron, y luego lo sentaron con las paticas cruzadas a la entrada de la casa de los vecinos, para que a su regreso no fueran a culpar a su perro.

En cuanto llegaron los vecinos gritaron como locos corriendo de un lado a otro. Los dueños del perro preguntaron hipócritamente qué había pasado, a lo que sus aterrados vecinos contestaron que eran víctimas de una maldición o algo raro porque el viernes, antes de salir de viaje, habían enterrado el conejo muerto, y una semana más tarde lo encontraban desenterrado, limpio y sentado en la puerta de la casa.

Cada uno tiene su propia realidad. En esta historia hay dos puntos de vista que nos interesan: el del perro inocente, que con todo su amor y lealtad desenterró con gran esfuerzo a su mejor amigo, para llevarlo a sus amos con la ilusión de que quizás ellos lo pudieran revivir, y por otra parte, el de los amos juzgando al pobre animal, que a pesar de su inocencia fue castigado por una acción que nunca cometió.

Que no te importe entonces lo que otros digan de ti ni lo que hagan, lo único importante es que actúes a conciencia y de acuerdo con lo que tu corazón siente. Y recuerda: si quieres fracasar y vivir amargado, trata de cambiar lo que otros piensan de ti.

Cuando nos criticamos

Nos han dicho que tenemos que ser mejores que nuestros compañeros, vestirnos de la manera en que la sociedad y la moda lo exigen, vivir como los otros quieren que vivamos, ser serios, maduros y acartonados, y proyectar la imagen física de un modelo importado. Hacemos grandes y vanos esfuerzos por tratar de seguir esos modelos para ser aceptados, reconocidos y valorados en nuestra sociedad. Es así como vemos personas que, teniéndolo todo, nunca están satisfechas y felices porque anhelan incansablemente lo que no tienen. No se aceptan ni se quieren a sí mismas por tener un pequeño defecto físico, una limitación o, más bien, una imagen distorsionada de la realidad.

Muchas personas se niegan por todos los medios a comprender que esa visión distorsionada es el resultado del virus del «qué dirán» con el que fueron contaminadas desde muy pequeñas y no se dan cuenta de que al persistir en tal actitud vivirán amargadas por el resto de su vida. La única forma de cambiar esta percepción es escoger otro punto de vista y aprender a reírnos de nosotros mismos, de nuestras debilidades y defectos, pues por más en serio que nos tomemos la vida jamás podremos salir vivos de ella.

Debemos aprender a evaluarnos en lugar de criticarnos. Cuando nos criticamos buscamos incansablemente todos nuestros defectos, fallas y errores, y los utilizamos solo para lamentarnos y autodestruirnos; mientras que cuando nos evaluamos ya no somos parte del problema sino de la solución, pues la mente está dirigida a resolver los conflictos, analizar los hechos y buscar resultados.

Herramientas para liberarnos de los juicios

- Cada vez que levantes tu mano para juzgar y señalar con el dedo a alguien, recuerda que hay tres dedos más señalando hacia ti. Pregúntate si aquello por lo que enjuicias a los demás no son en realidad tus propios temores, deseos insatisfechos o envidias camufladas.

- Cuando la gente hable mal de ti, te juzgue o critique recuerda que al árbol cargado de frutos la gente le tira piedras, le quiebra las ramas y lo golpea sin compasión para despojarlo de ellos. En cambio, aquel que está seco nadie lo nota.

- No te mires cada mañana en el espejo buscando siempre todos tus defectos, sino por el contrario, busca tus grandes cualidades y dones. Repite en voz alta tus rasgos positivos y agradece todo lo que eres. Ámate, quiérete y acéptate como eres, y así mismo con los otros, como te gustaría ser tratado. Una de las lecciones más lindas que aprendí en un monasterio en la India es que el verdadero maestro es quien nos enseña a reírnos de nosotros mismos.

Así pues, tu realidad es como un espejo: lo que te espanta y escandaliza de esa realidad externa es lo que no quieres afrontar dentro de ti. Por eso, trabaja a diario por permanecer en un estado de conciencia alerta, para que puedas detectar cuántas veces dices y oyes cosas que no deberías. Además de una mente positiva, cultiva una mente silenciosa y enfocada hacia el interior, donde está tu verdadera fuerza: el amor.

Una vez que empieces a practicar diariamente estos principios tan elementales y simples, en muy poco tiempo te darás cuenta de la frecuencia con que cada día juzgabas y criticabas inútilmente a otros, incluso a tus seres más queridos y a aquellos que más te sirven. «Si siembras ortigas, no esperes cosechar trigo», dice el adagio. Y recuerda que alrededor de un árbol floreciente vuelan muchos insectos, no vayas a ser uno de ellos.

Ejercicio para construir en vez de criticar

Cuando te encuentres ante situaciones que puedan propiciar chismes, juicios o críticas, detente, reflexiona y pasa tu conducta por tres filtros:

- Pregunta si es verdad y hay constancia de ello.
- Pregunta a continuación si el tema que va a tratar te va a dar paz interior, tranquilidad y no te va a generar temor, prevención o desasosiego.
- Por último, pregunta si el comentario te animará y te hará sentir feliz.

Después de pasar la situación por los tres filtros, si una o varias respuestas son negativas no abordes el tema.

Rompiendo cadenas

Todo esfuerzo por tratar de aferrarnos
a algo o a alguien nos debilita.

Mientras gozamos de todo lo bello que hay en la naturaleza, podemos observar cómo algunas plantas se aferran con todas sus fuerzas a otras para crecer y dar frutos, pero pierden así toda su independencia, pues se nutren de las demás plantas y se convierten en parásitas cuya vida no depende de sí mismas.

De igual manera, cuando nos aferramos a otra persona, a ciertas ideas o a posesiones materiales centramos toda nuestra felicidad en ello, y si por alguna razón lo perdemos, también arruinamos nuestra felicidad y nos convertimos en parásitos sin libertad ni armonía.

Mi abuela María fue una mujer encantadora y como yo era uno de sus nietos preferidos siempre estuve a su lado. Hacíamos largas caminatas por los cafetales para buscar el tesoro que yo creía escondido en el arco iris; me alcahueteaba todas mis travesuras, que no eran pocas, me contaba cuentos y me los repetía cuantas veces yo quisiera, siempre con la paciencia amorosa de una abuela divina. Nunca se cansaba, siempre estaba disponible, con todo se alegraba y encontraba el lado positivo de cada cosa. Siempre fue una mujer muy fuerte y de niño yo creía que eso se debía a su corazón tan amoroso (¿y sabes?, ahora lo creo más).

Era tanto el amor entre los dos que cuando enfermó preguntaba insistentemente por mí y mis padres pensaban consternados que su muerte sería algo tan fuerte para mí que quizás no lo soportaría, porque estaba supremamente apegado a ella.

Finalmente, un día la muerte tocó a su puerta y abandonó este mundo. Cuando me dieron la noticia lloré como nunca lo había hecho en mi vida. Al llegar a su casa, a pesar de que todos me presionaron para que la mirara y me despidiera de ella, no quise hacerlo.

Una vez que llegaron con aquella caja negra, ni la miré, y luego empezaron a salir uno a uno todos mis familiares para el cementerio. Yo me negué rotundamente a ir a aquel lugar. Trataron de convencerme por todos los medios, pero les dije que, pasara lo que pasara, no iba a ver cómo la encerraban en ese oscuro hueco de cemento, cómo la cubrían con ladrillos rústicos y luego incrustaban esa lápida fría con su nombre. Tampoco quería verlos a todos llorando y lamentándose porque ella ya no estaría a nuestro lado.

En aquel momento, Dios me iluminó y sentí cómo me hablaba: de ahora en adelante, a pesar de que su cuerpo no estuviera en la Tierra, iba a estar conmigo todo el tiempo, que sería la estrella que iluminaría mi camino en los momentos de oscuridad. Y siento que siempre ha estado en el cielo para iluminarme y sonreírme, especialmente cuando hago las travesuras con las que tanto se reía.

Lo más importante de esta experiencia fue que entendí que aquello que yo sentía por mi abuela era amor puro. Solo pensaba en todo lo que la había disfrutado cuando estaba viva y no me quedó ningún remordimiento por no haber compartido más con ella. Desde ese momento nunca más la lloré, pues sentí que su amor se fundió en espíritu con el mío. Por ello la recuerdo siempre con mucho amor y en cada estrella la veo sonreír.

Cuando acepté la voluntad de Dios entendí que, aunque lo deseara con todas las fuerzas de mi corazón, ella no volvería. No importaba si rezaba, lloraba, me vestía de negro, me lamentaba o regañaba a Dios; había una realidad y la tenía que aceptar. De tal manera me desprendí de esos sentimientos de apego y los reemplacé por sentimientos de amor, agradecimiento y aprecio por todos los momentos felices que compartimos juntos y por todas sus enseñanzas.

Todo esfuerzo por tratar de aferrarnos a algo o a alguien nos debilita, nos hace sentir desgraciados, pues aquello a lo que nos aferramos tarde o temprano desaparecerá, pasará. Apegarse a algo ilusorio, transitorio o incontrolable es el origen del sufrimiento. Podemos perder fácilmente lo que hemos adquirido o creemos poseer, porque todo es efímero.

Cómo se manifiesta el apego

La felicidad es un estado totalmente natural con el que venimos a este mundo y del cual podemos disfrutar tranquilamente hasta aquel día en que tratan de cortarnos las alas al enseñarnos a ser temerosos y egoístas. Desde muy pequeños nos programan para ser poseedores de cosas, poderosos, manipuladores, deseados, admirados o aprobados. Allí radican nuestras angustias y frustraciones. No lograr aquello que deseamos nos perturba y roba la felicidad, la paz interior, y así este deseo se convierte en apego.

El apego es control y posesión. Además es ciego, ya que tiene su origen en una creencia falsa construida por nuestra mente, bajo la influencia de quienes tratan de hacernos ver en la ausencia de apego y en nuestra independencia características altamente nocivas y peligrosas. El problema principal del apego es buscar infructuosamente la felicidad en un agente externo, sea un objeto, una circunstancia o una persona, y al creer encontrarla aferrarnos, perdiendo autonomía, libertad y paz interior. De ahí derivan en primer lugar una gran desilusión y como consecuencia final la depresión.

Cuando aceptamos el apego en nuestras vidas depositamos nuestra felicidad en manos de otros. Ya no depende de nosotros ser felices y empezamos a vivir condicionados, sufriendo un virus que se manifiesta así:

- Nuestras vidas se basan en tener y no en ser.
- Estamos siempre preocupados por lo que piensan los otros.
- No somos felices si no tenemos todo lo que deseamos.
- No podemos ser felices si prescindimos de lo que ya tenemos.

De qué se nutre el apego

El apego se nutre del miedo y cuando este reina en nuestro corazón todo se ve distorsionado. El temor a perder la comodidad, el bienestar o el placer hace que nos engañemos y de paso nos sacrifiquemos para vivir en una supuesta armonía con una falsa ilusión de permanencia y estabilidad, causa de tantos malentendidos, acompañados generalmente de baja tolerancia y frustración.

Esto ocasiona una caída bastante fuerte de la autoestima, ya que nos resistimos al cambio, y el miedo nos ciega de tal manera que no aceptamos el sufrimiento y el daño que padecemos, y así llegamos a afectar peligrosamente nuestro estado mental y emocional. El verdadero problema no es querer, amar o desear, el problema radica en querer a toda costa, amar con dependencia y permanecer adheridos a eso que nos obsesiona. El apego puede ser afectivo, material o ideológico.

Apego afectivo

Cuando depositamos nuestra felicidad en manos de otros, ya sean padres, hijos, amigos, pareja, e incluso en la mascota padecemos una adicción afectiva que comienza cuando no podemos poseer a quien deseamos. Ese deseo insaciable es reemplazado por otro tipo de adicciones creadas por la propia mente como la droga, el alcohol, el sexo, el trabajo, y el exceso o falta de alimentos, con lo cual el adicto llega finalmente a estados depresivos o disfuncionales, y en casos extremos la adicción lo lleva por el camino de la tortura, el homicidio o el suicidio.

Tales sentimientos de posesión y apego son manipulaciones de un ego herido, reacio a aceptar que todo termina. Por eso, debemos comprender que no hay nadie ni nada eterno en el mundo, que estamos de paso y que de la misma forma que llegamos nos vamos. En el caso específico de la muerte, el problema es que nuestra sociedad nos programa para perturbarnos ante ella, llorar, rasgarnos las vestiduras y vivir amargados —hasta hace poco guardando un luto riguroso— por períodos muy largos, durante los cuales incluso se juzga como irrespetuoso, con la memoria o el alma del difunto, no proceder así. Nos han programado para no aceptar la pérdida de un ser querido y para creer que el amor duele (mientras más lloremos, más queríamos al otro).

Esto me trae a la memoria el caso de una pareja. Él tenía una personalidad muy rígida, voluntad férrea y principios no negociables, muy estrictos, debido al condicionamiento con el que fue criado. Se casó con una mujer menor, que a sus dieciséis años tenía un temperamento débil, flexible y moldeable. Formaron un hogar rodeado de amor, en el que lentamente, año tras año, aquella niña-mujer renunció de manera consciente o inconsciente a su propia vida, viviendo estrictamente la de su marido y sus hijos. Al parecer ella se sentía feliz y realizada.

Cuando los hijos ya eran adultos y habían formado sus propios hogares, el marido enfermó y pronto murió. En aquel instante, la mujer, cuya felicidad se centraba en complacer totalmente al marido —aun en contra de sus principios, gustos y deseos—, sintió que su corazón se partía en mil pedazos y su mente se nublaba de pensamientos destructivos, dolor, angustia y desesperación.

A pesar de haber sido una mujer sana, alegre y optimista entró en un trance depresivo que con el tiempo se convirtió en un estado permanente de ansiedad y pánico, solo calmado con medicamentos. Estos le crearon una adicción tal que cuando no los consumía no quería vivir. Posteriormente, surgieron otras conductas peores: manipulaba a todos sus seres queridos tratando de contagiarles su inmensa tristeza o hacía el papel de víctima al extremo de llegar a decirles que no quería vivir más, lo cual generaba en ellos sentimientos de intranquilidad permanente, lástima y angustia.

En este caso —por cierto, muy común— el apego es fácilmente confundido con amor. En aras de ese supuesto gran amor algunos se olvidan de vivir sus propias vidas y sueños para vivir los de sus seres queridos. La consecuencia de ello es que al perder a las personas objeto del apego, terca y obstinadamente se niegan a aceptar la realidad, a prescindir de aquello que les hace daño y que está fuera de su control.

Puedes asumir la pérdida de un ser querido (por muerte o abandono), desde dos puntos de vista:

- Comprender que, quieras o no, tu ser querido ya no estará más, y aceptar que no puedes manejar ni manipular lo que está fuera de tu control. Así podrás entender que la vida continúa. Como en una función de teatro: se sube el telón, empieza la función, finaliza el primer acto, vienen los aplausos, hay un intermedio y comienza el segundo acto; algunos personajes continúan y otros culminan la representación de su papel, sin importar si fue bueno o malo, pues la función debe continuar. Lo mismo sucede en la vida, donde todo pasa y todo fluye.

- No aceptarlo y decidir vivir el resto de tu vida anclado a una persona que ya no está contigo. En este caso, lo único sensato que puedes hacer es usar tu libre albedrío para aceptar la realidad y soltar lo que tu ego no quiere liberar. Si no lo haces hoy, podrás durar en duelo un mes, un año o el resto de tu vida, en una permanente lamentación y luchando contra esa realidad.

¿Crees que puedes procesar la pérdida de un ser querido que aún se encuentra en cuidados intensivos? ¿Puedes sepultarlo cuando todavía se encuentra agonizando en su lecho de muerte? Nadie puede enterrar vivo al ser que ama, pero una vez muerto debes afrontar el dolor y aceptarlo con conciencia pura. Abre tu mente: algún día serás tú quien falte, por eso, vive como si hoy fuera tu último día.

Nos han programado para que el amor duela, nos dicen que amar es sufrir y que la pareja es nuestra y de nadie más. Nos han impuesto un sentido de posesión que se disfraza de amor incondicional; pase lo que pase —eso fue lo que nos enseñaron— los miembros de la pareja deben permanecer unidos hasta que la muerte los separe, incluso en casos extremos que amenazan su libertad y dignidad. En nuestra sociedad el libre albedrío en una pareja no es bien visto, es abuso de confianza, falta de respeto o libertinaje. Existe un control generalmente ejercido por el hombre (machismo) o por quien tiene mayor poder en la relación, y esto nos lleva a una distorsión de la realidad, a veces a confundir el amor propio con el amor por la pareja; por orgullo y necesidad de dominar se exige que uno haga siempre la voluntad del otro (ocurre lo mismo en la naturaleza, donde predomina la ley del más fuerte).

Así nace la dependencia revestida de amor, pero realmente es la manifestación camuflada del miedo, contrario al amor y producto del ego. El amor no es ciego, el apego sí lo es. Este siempre ahoga, asfixia, exige, juzga, destruye, perturba y jamás puede ser saciado, porque se basa en la aprobación y el reconocimiento de los otros.

En una ocasión me encontraba dictando un seminario vivencial de liberación interior, y una de las participantes, muy compungida después de hacer el proceso de liberación, desapego y perdón, continuaba llorando intensamente. Me acerqué a ella, le pregunté qué le ocurría y me contó:

Estoy feliz pero a la vez muy triste, porque hoy comprendí que desperdicié más de treinta años de mi vida. A los dieciséis me casé con un hombre educado, amoroso, simpático, que admiraba profundamente todas mis cualidades físicas y espirituales. Le encantaban mi risa, mi forma de ser, de vestir, de actuar; teníamos los mismos gustos, es decir, éramos la pareja perfecta. Llevada por mi enamoramiento caí en sus brazos y un año después me escapé de la casa y nos casamos a escondidas.

Hasta ese momento todo era color de rosa, pero unos meses más tarde, cuando sintió que ya me había conquistado y poseído, hubo una transformación increíble en él. Empecé entonces a ver cómo aquel príncipe azul de mis sueños se iba transformando en un ser totalmente diferente del que me había mostrado. Se volvió celoso, controlador, manipulador, agresivo e intolerante. Por cualquier cosa que yo no hiciera como él esperaba, reaccionaba impetuosamente, con gritos y amenazas; si por algún motivo le llevaba la contraria, se quedaba horas enteras sin hablarme y después se acostumbró a que en cada pelea se iba de la casa dando un portazo.

A los diecisiete años ya esperaba un bebé y tuve la ilusión de que quizás con mi amor podría cambiar a ese hombre. Así empecé a justificar todas sus actuaciones: pensaba que él me amaba pero no sabía cómo expresarlo, que quizás estaba muy estresado o que era cuestión de tragos, porque empezó a beber con frecuencia. Un día, cuando tenía tres meses de embarazo, llegó borracho, me abofeteó y casi pierdo el bebé. Mi familia y mis amigos sospechaban que algo andaba mal, pero yo siempre justificaba su comportamiento diciendo que todo iba bien; incluso aunque ellos supieran la realidad, lo defendía argumentando que era mi culpa.

El médico me recomendó una terapia psicológica cuando se dio cuenta del maltrato, pero yo le dije que no necesitaba ningún tipo de ayuda, porque creía que al nacer el bebé todo volvería a ser como en la conquista. Pero no fue así. Sus ausencias se prolongaron, sus ataques de histeria y sus gritos aumentaron, y además el bebé le empezó a molestar porque decía que yo le ponía más atención que a él. Me recriminaba diciéndome que yo ya no era la misma.

Tuve otros dos bebés pensando siempre que el amor de ellos lo cambiarían. Pero con el tiempo advertí que todo lo que antes le gustaba, de mí y de mis hijos, ahora lo irritaban. Mi temperamento alegre pasó a ser otro problema: me regañaba por reírme tanto y me decía que parecía boba. Sus ofensas fueron aumentando, igual que sus ausencias y borracheras hasta el amanecer.

Cuando todo el mundo me empezó a contar que él tenía amores con una compañera de trabajo, yo me resistí a creerlo; lo disculpaba y para mis adentros decía: «Hay peores parejas, no es tan malo como parece. Aunque esté saliendo con ella, todavía me ama. Tarde o temprano se dará cuenta de lo que valemos sus hijos y yo. Esa vieja es para pasar el rato. Después de todo lo que hemos vivido es imposible que haya dejado de amarme. Hemos crecido juntos, hemos construido un hogar, una empresa y una familia. No me puede abandonar. Un amor así no puede acabarse jamás. Por mis hijos él cambiará».

Así concluí que lo más importante de la vida eran mis hijos y por eso decidí sacrificarme, me engañé y le di siempre una nueva oportunidad. Fueron mis años más miserables, pero ante la sociedad éramos la familia feliz.

A pesar de todas las cosas terribles que sucedían, entendí que la verdadera razón por la cual continuaba con mi marido era que no resistía vivir sin él, no concebía continuar mi vida si no estaba a su lado y a toda costa debía complacerlo para que no me dejara. Tenía miedo a la soledad, a perder mi bienestar y mi comodidad. A pesar de haber aceptado cosas que pisotearon mi dignidad y violentaron mis principios, él me abandonó por otra mujer, dejándome sola con tres hijos pero llena de esperanza en su regreso. Efectivamente, volvía lleno de promesas y arrepentimientos, para satisfacer su ego y sus instintos, y a los pocos días nuevamente estaba sola.

Así transcurrieron más de treinta años de mi vida: siempre las mismas decisiones y reacciones, y como consecuencia final las mismas depresiones, temores y rutinas. Todo eso hasta hoy, cuando aquí, en medio de la naturaleza, reflexioné, hice un alto en el camino y me di cuenta de que mi supuesta fuente de placer, alegría, bienestar y comodidad era en realidad la causa de mi tristeza, depresión, angustia e incomodidad. Fui una tonta al no querer ver la realidad y no tomar la decisión de renunciar a esa fuente inagotable de dolor enmascarado de placer. Todo porque mi ego se sentía maltratado. Ahora finalmente me siento liberada de esas cadenas que yo misma me impuse, y a partir de hoy cambiaré mis prioridades en la vida y tomaré mis decisiones.

El apego distorsiona la percepción de la realidad y nos hace minimizar los defectos de la pareja, razón por la cual muchas veces no vemos lo evidente de la situación. Se trata de un círculo vicioso de engaño permanente que en la adicción amorosa puede presentarse de múltiples formas con tal de amarrar y dominar a quien decimos amar. Es ahí cuando idealizamos, justificamos, olvidamos, minimizamos, nos decimos mentiras y, lo que es peor, nos las creemos. Construimos mundos imaginarios, paraísos falsos donde todo es una ilusión efímera; nos negamos cualquier posibilidad de ser realistas, alimentamos pensamientos amorosos a partir de imágenes y sueños totalmente desfasados; tratamos de encontrar desesperadamente a alguien que se haga cargo de nosotros... Llegamos a perder la libertad, la prudencia, el equilibrio y, por consiguiente, salimos de estas relaciones totalmente lastimados.

Para vencer este apego afectivo no debes dejarte llevar por las justificaciones ni excusar el poco o ningún amor recibido. Cuando tratas de conservar a la persona amada en una relación enfermiza, aunque sea por pequeños ratos, tienes una vida sin coherencia y llena de frustraciones permanentes por no lograr tus metas y aspiraciones.

Si queremos poseer a alguien, le cortamos las alas y lo obligamos a permanecer a nuestro lado para siempre; si lo amamos, disfrutamos cuando sus alas crecen y puede volar. Ama con intensidad y disfruta plenamente lo que vives hoy, pero no trates de poseer a nadie, es inútil, tarde o temprano todo pasa.

Tenemos que diferenciar entre amor y apego. ¿Hasta dónde llega el amor y dónde comienza el apego? Se trata de estados opuestos: el amor es un estado positivo, posible gracias a una mente abierta, flexible, observadora y evaluadora, con múltiples puntos de vista; el apego es un estado negativo de inconsciencia, fortalecido de manera permanente por el miedo a perder lo que supuestamente poseemos, por el temor al rechazo y a la desaprobación. El amor representa la verdad y, si abrimos nuestra mente y observamos con conciencia pura nuestras acciones, nos lleva a fluir libremente y a regocijarnos con nuestro espíritu; a través del amor podremos descubrir nuestra felicidad. El apego, en cambio, representa una serie de mentiras que hemos creído, un sistema de ideologías falsas y absurdas que nos llevan a distorsionar totalmente la realidad y a vivir momentos de frustración y miedo, pues el apego es la muleta que utiliza el ego para arrasar con nuestra autoestima.

Amar es regocijarnos por la simple existencia de la persona que amamos. No depende de lo que el amado haga, diga o tenga. Pero nos han enseñado que un amor así, sin cadenas ni apegos, como debería ser, incomoda y molesta como una piedra en el zapato. Depender emotivamente es centrar la felicidad en alguien que cuando falta nos hace sentir muy infelices. Además, surge un miedo permanente a perder lo que tenemos y a no ser aprobados ni reconocidos, con lo cual no vivimos en el estado de conciencia del amor, sino en la inconsciencia, en un estado antinatural que es el temor.

Si vives en el estado de conciencia del amor, no hay exigencias ni expectativas ni reclamos, y el apego queda desplazado y destruido. Al entender que tu felicidad no está en otra persona y que puedes ser feliz sin ella, comprendes que no la necesitas, sino que la disfrutas desde otro estado más natural. Cuando hay necesidad o dependencia, la relación no puede fluir libremente, sino de manera condicionada. Cuando la persona que amas te deja, no hay motivo para que estés triste si disfrutaste plenamente de su compañía y de su presencia, no la necesites para ser feliz.

Apego material

Nos han contagiado con el virus de poseer. Creemos que para ser felices primero debemos tener y ostentar cosas que consideramos importantes para vivir bien, pero nos engañamos al pensar que valemos por lo que tenemos y no por lo que somos.

Por esta razón, cuando perdemos los bienes o riquezas materiales nos sentimos tristes y amargados. Parece que no podemos prescindir de ellos, nos negamos a aceptarlo, y nuestra vida se vuelve una desgracia y una constante lamentación por lo que perdimos. Cuando poseemos muchas cosas, siempre tratamos de tener más y más, porque no nos saciamos.

Imagina que en este momento suena el teléfono y te notifican de que todas tus posesiones materiales, incluidos casa, carros, cuentas bancarias y sueldos han sido embargados debido a un negocio que hiciste creyendo que iba a ser un gran éxito y resultó una estafa. Además de perder todo lo que tienes, quedas endeudado en una suma altísima de dinero casi imposible de pagar. ¿Qué harías? ¿Buscarías venganza o asesoría legal? ¿Te lamentarías y te quedarías inmóvil? ¿Acudirías a las drogas, al alcohol o a algo extremista como suicidarte?, ¿o simplemente te levantarías nuevamente a luchar para salir de este fracaso?

En cierta ocasión un hombre cuya vida siempre giró en torno a poseer riquezas y solamente pensaba en trabajar, ahorrar y atesorar vendió todo para viajar a tierras lejanas donde su dinero se multiplicaría de una forma impresionante. Llegó al lugar donde se hallaba la tierra de sus sueños y al preguntar su precio al dueño, este amablemente sonrió y contestó: —Con el dinero que traes en tu equipaje puedes comprar toda la extensión que te sea posible cubrir con la mirada. El ambicioso hombre no podía disimular la emoción de poder ser el dueño de tanta extensión de tierra. Al ver su felicidad, el dueño le dijo: —Solo hay una pequeña condición en este negocio: debes salir mañana con los primeros rayos del sol y toda la extensión que recorras será tuya, hasta donde claves esta bandera roja, pero tendrás que regresar al punto de partida antes de la puesta del sol. Si no logras llegar a tiempo perderás todo tu dinero.

Al otro día se levantó muy temprano y partió a toda velocidad con el primer rayo de sol. Corrió y corrió, y hacia el mediodía estaba tan lejos del punto de partida que decidió regresar. Cuando le faltaban unos cuantos kilómetros y el sol ya se estaba ocultando, corrió desesperadamente y sacó todas sus fuerzas para llegar a tiempo. Al oír las voces de aliento que le decían: «¡Vamos, tú puedes, lo vas a lograr!», y ya a escasos metros de la meta, sintió que desfallecía de cansancio. Su corazón se encontraba en exceso agitado, pero hizo un último gran esfuerzo, corrió hasta llegar adonde todos lo esperaban ansiosos, y en aquel instante suspiró profundamente lleno de satisfacción y cayó al piso muerto de un infarto. Los que estaban allí, en profundo silencio, abrieron un hueco en aquella tierra que ahora le pertenecía y lo enterraron. Pero lo que ese hombre nunca entendió, por su gran apego y ambición, fue que el único pedazo de tierra que necesitaba para estar en paz era de dos metros de largo por uno de ancho.

Recuerda que por más poder y riqueza que ostentes, al morir no puedes llevarte para la tumba absolutamente nada. Contigo muere también todo lo que hayas poseído en vida, pero si has servido a los demás, tendrás un tesoro, pues al morir lo único que tienes es lo que has dado o enseñado a otros.

Y que no seas recordado con un epitafio que diga algo así como: «Aquí yace alguien que hizo mucho mal y poco bien. El mucho mal lo hizo muy bien y el poco bien lo hizo muy mal».

Apego ideológico

Cuando depositamos toda nuestra felicidad en teorías, creencias y supuestas verdades, ya sean religiosas, políticas o culturales, entre otras, padecemos apego ideológico. Nos aferramos a esas ideas, y si alguien las contradice o las pone en tela de juicio, nos perturbamos y tratamos de defenderlas por todos los medios posibles. Es el caso de hombres que, por defender un sistema de ideas preconcebidas como ciertas, se atacan y destruyen unos a otros como si fuesen grandes enemigos, apoyados en el temor y en una supuesta sabiduría.

Herramientas para aprender a vivir sin apegos

- El apego es una adicción y por lo tanto es insaciable, tal como las drogas, mientras más consumas mayor es tu deseo de consumir, lo que incrementa la dependencia. Desafortunadamente no hay límites, son infinitas las posibilidades y el único límite es la muerte. A veces un adicto cree que al «dejar el vicio poco a poco» logrará salir más fácilmente de él; las adicciones no se pueden vencer ni dominar por exposición y contacto con ellas. Otras veces el adicto cree que vencerá la adicción solo con renunciar a ella de palabra; tal estrategia es totalmente equivocada, pues de esta manera el virus de la adicción se propaga con mayor rapidez y llega a la obsesión. Aquello contra lo que luchas tomará fuerza y permanecerá dentro de ti. Por ello son mejores las siguientes opciones:

- Decide manejar tu vida, cambiar y reemplazar todas tus elecciones; después, aléjate sin dar ni un paso atrás. Por eso, debes observar tu adicción atentamente, aceptarla y reemplazarla; tomar conciencia de que te hace daño y buscar nuevas elecciones diarias y continuas que fortalezcan tu voluntad, que es el arma más poderosa para vencer cualquier tipo de adicción.

- Cuando amas lo que haces y haces lo que amas, sientes tanta fe, pasión y amor por todo lo que realizas, y disfrutas tanto de tu estado de paz interior, que te inmunizas contra el virus del apego, pues te abres a experiencias totalmente diferentes y tu energía fluye y se canaliza en otras direcciones. Ser posesivo y manipulador es muy diferente de ser independiente y desprendido, pero responsable con los seres queridos. Esto no significa que los vas a abandonar o a despreciar, por el contrario, los vas a integrar, disfrutar y amar plenamente, sin los condicionamientos y límites del ego.

- Disfruta de tu soledad, no tengas miedo a salir solo. Quítate de la frente el aviso que dice: «Busco amor ansiosamente, necesito a alguien en quién confiar y a quién amar». Primero ámate a ti mismo y luego sal, explora y ama a quien llegue a tu vida. Cuando una relación termina, el temor a la soledad es peligrosísimo porque nos aferramos a lo primero que aparezca. Si buscas desesperadamente cualquier tipo de compañía, quizás termines con la persona que menos quisieras tener a tu lado. Además, ¿qué necesidad tienes de estar permanentemente atado a un ser humano, dondequiera que vayas? Recuerda que no estás solo si te sientes bien con la persona que eres.

- No dependas de nada ni de nadie. Puedes hacerte cargo de ti mismo y buscarle un sentido diferente a tu vida utilizando técnicas como la meditación, la visualización creativa o el silencio introspectivo, para que puedas manejar tu mente, controlarte mejor y respetarte.

- No centres tu atención en las cosas que no tienes. Concéntrate y disfruta lo que tienes en este momento. Si aprendes a hacerlo, verás que es todo lo que necesitas para ser feliz.

- Si sabes que puedes perder fácilmente tu bienestar, tu riqueza y tu pareja, ¿por qué no los aprovechas mejor y vives lo que tienes hoy, mientras dure, en vez de pensar con prevenciones? Disfruta del amor real, que es espontáneo, osado, imprevisible y fluye libremente.

- Explora, vive y disfruta intensamente cada instante de tu vida. No dejes de ser tú mismo por el hecho de amar a una persona. Solo adáptate flexiblemente al otro para lograr una convivencia en armonía y paz.

- Respétate y valórate, no pases por encima de tus principios.

- Cuando tu vida tiene un sentido claro y natural de servicio a los otros, y sabes qué quieres y cómo lo quieres lograr, te distancias de cosas mundanas, bulliciosas y superficiales; adquieres una visión más clara, integral y profunda de tu vida, logrando así desprenderte de todos los apegos.

- Ama sin condicionamientos. No dejes que ese estado de comodidad, placer, seguridad y bienestar que el otro te brinda se vuelva imprescindible. Ten presente que Dios no dijo: «Ama al prójimo más que a ti mismo», sino: «Ama a los demás como a ti mismo».

- Explora sin miedo. El que no se arriesga pierde más que el que se arriesga. La única forma de vencer el miedo es enfrentarlo.

- Sé autosuficiente, no seas cómodo, ni recostado, deja de jugar el papel de parásito y despréndete de todas esas ataduras que no te dejan actuar espontánea y eficientemente para conseguir tus metas.

- No te fijes en lo que has hecho ni en lo que has logrado, sino en lo que sueñas y quieres hacer, así finalmente podrás comprender lo que piensas y sientes. Busca siempre el camino que conduce de la mente al corazón y, cuando llegues a él, además de sentir lo intangible y ver lo invisible, encontrarás que tu gran desafío en la vida es regresar desde el corazón a tu mente, pues lo que sale de un corazón limpio es solo amor, esa esencia natural que sana y libera.

Ejercicio para que rompas las cadenas
que te atan

Siéntate en un lugar tranquilo y natural, e identifica tus fuentes de placer en lo material, emocional e ideológico. Imagina que, por cuestiones del destino, pierdes aquello que más te importa. ¿Cómo te sentirías? ¿Qué camino tomarías y qué elecciones harías? Identifica si estás aferrado a ello por miedo, temor, angustia, o simplemente por comodidad y costumbre. Observa si has centrado tu felicidad en poseer permanentemente ese objeto del deseo.

Durante un fin de semana despréndete de aquello a lo que estás apegado. Busca y explora tu nueva territorialidad. Observa si eso que consideras tu fuente de placer te hace daño y, si es así, comienza a mirarlo desde otra posición, como si le estuviera pasando a otra persona.

Después de ese fin de semana cambia toda tu rutina: duerme del otro lado de la cama, come en un sitio donde no sueles comer, madruga a hacer deporte, entra en contacto diario con la naturaleza al amanecer (la energía que hay entre las cuatro y las seis de la mañana es poderosa para purificar el cuerpo, la mente y el espíritu); desarrolla el arte de la observación, la contemplación profunda, el silencio y la apreciación de lo que te rodea; ayuna una vez al mes, busca nuevas amistades que te ayuden a reconstruir tu vida, enciende una vela que represente la luz y el amor que brillarán en tu corazón y en tu camino; participa como voluntario en una obra benéfica o en un hospital y usa el poder creador que hay en ti para estar activo. Vence el miedo y la resistencia a cambiar.

Atrévete a actuar. Sé responsable de ti mismo, encuentra la misión y el propósito de tu vida, gózalo, saboréalo con todos tus sentidos. Tu realización consiste en encontrar todos los talentos naturales, dones y aptitudes que nacen espontáneamente en tu interior, sin necesidad de que los hayas aprendido artificialmente. Cuando los detectas comienzan a existir otras fuentes de placer y alegría dejas de centrar toda la energía en el objeto de tu apego y te sientes independiente y libre.

Sanando las heridas del alma

*Perdonar no es olvidar, es simplemente recordar
sin dolor ni resentimiento.*

Si observamos con atención las flores de nuestro jardín, podremos ver que quizás la más bella y frágil es fácilmente cubierta y atrapada por la maleza salvaje, que crece a mayor velocidad hasta envolverla y asfixiarla. Si esa maleza no es erradicada destruirá sin esfuerzo no solo esa flor, sino todas las que estén a su alrededor.

Así mismo, si dejamos que la ira, el temor, la culpa y el odio ahoguen el corazón, nuestra vida se verá afectada de tal manera que perderemos la paz interior, llenos de resentimientos que nos atraparán en un círculo vicioso sin salida.

Ya dije que crecí como un niño castigado de manera permanente y la mayoría de los castigos tenían como finalidad que, a través del temor y el condicionamiento, aceptara el virus y fuera como todos los otros. Pero entendí que tenía la opción de escoger lo que quería hacer con mi vida, y gracias a ello pude aceptar los virus y convertirlos en antivirus como si fueran vacunas que me fortalecían a pesar de ser tan chico. Desde esa temprana época entendí que podemos convertir los problemas en oportunidades, porque siempre tenemos la libertad de escoger lo que queremos ser, hacer y tener.

Fueron miles de castigos. Aún recuerdo cuando debía trotar sin parar, alrededor del campo de fútbol, no solo durante el recreo sino después, cuando todos se iban a sus casas. Gracias a esto desarrollé mi pasión por el deporte, que todavía practico a diario después de bajar de la montaña, una vez terminada mi meditación al amanecer.

Tuve que aprenderme las tablas de multiplicar pero no como todos los niños, que se las aprendían del 1 al 9, sino del 11 al 99, y cuando me equivocaba en alguna me dejaban mínimo otra media hora repitiéndola.

Jamás me preguntaron las del 1, el 10 ni el 100 porque eran demasiado fáciles. Fue así como en aquella época desarrollé mi pasión por las matemáticas y nunca he necesitado calculadora. De hecho, me gradué como ingeniero geofísico y de petróleos.

Tenía que escribir en el tablero, con mi mano derecha, miles de frases como: «Soy un niño muy bueno, amoroso, paciente, calmado y muy servicial», para que dejara de ser zurdo. De tanto escribirlo me lo creí y aprendí a escribir, a pintar y a hacer cualquier tipo de actividad con ambas manos.

Me sentaban en una esquina del salón de clase con un cartel blanco que decía: «Yo soy un burro» o «Soy un tonto que no entiende nada», y todos los compañeros se reían de mí. Un día llevé al bobito del pueblo, lo entré al salón de clase y lo senté en mi esquina. Cuando la madre trató de expulsarlo, se puso muy bravo y violento. Ella tuvo que suplicarme que lo sacara, muerta de miedo, y desde aquel día no nos volvieron a poner ese tipo de castigos. Lo lindo de todo eso fue que aprendí a reírme de mí mismo y entendí que no importa lo que hacen conmigo, sino lo que yo hago con mi propia vida.

Tenía que acompañar a los misioneros a trabajar un fin de semana en los barrios pobres. Eso sí que fue bello, porque ahí ratifiqué y entendí que mi misión en este mundo es servir con amor.

Me sentaban en el bosque de los pinos y debía quedarme allí solo, en silencio y sin moverme por tiempos prolongados, según la falta que me imputaran.

Así aprendí el arte de la contemplación interior, la visualización creativa y la meditación; aprendí a escuchar esa voz interior que sale del corazón y a disfrutar plenamente de la naturaleza. Probablemente esa es la razón por la cual todos los días subo a las cuatro de la mañana a meditar en la montaña, y espero a que llegue el momento mágico en que desaparece la última estrella y sale la luz, para descender trotando mientras disfruto del paisaje.

Me obligaban a ir a misa todos los días y a rezar el rosario, que en esa época se me hacía muy largo. Así aprendí que Dios no está solamente en una iglesia y que, por más que rezara el rosario, no iba a ser mejor persona a menos que le diera de comer al hambriento y de beber al sediento, le tendiera mi mano a quien la necesitara y reconfortara con mi palabra al desamparado.

Después de vivir estos y muchos castigos más entendí que tenía dos formas de ver la vida: podía llenarme de resentimiento, rencor o afán de venganza, y convertirme en una persona amargada; o podía elegir recordar sin dolor ni resentimiento y ver que todo pasa para nuestro bien, que no debemos resistirnos a nada sino aceptarlo, porque aquello contra lo que luchamos nos debilita.

Si no aprendemos a perdonar a los otros y a nosotros mismos, jamás en la vida podremos ser felices. Recordemos que hay una realidad inmutable: no podemos controlar el odio ni las críticas de los otros porque están fuera de nuestro alcance. Solo podemos liberar la culpa y los resentimientos que tengamos en el corazón, porque en nosotros está la fuerza poderosa del amor que todo lo sana.

Lo peor de este virus es que se camufla y nos hace creer que no estamos infectados, sino perfectamente bien. Pero en nuestros actos y pensamientos inconscientes encontraremos que, muy encubierto, está presente este virus desgastador y desestabilizador del rencor. Cuántas veces no has oído a tus amigos y quizás a ti mismo decir: «Yo no odio a nadie, no tengo rencores ni resentimientos»; «Ya lo perdoné y ni me acuerdo de él»; «No necesito perdonar nada ni tengo problemas con nadie»; «Los que tienen problemas, culpas y vergüenza son los otros, yo no»; «Mi pareja es la que necesita elaborar esa culpa». Si alguna vez has pensado que los que tienen el problema son los otros y les echas la culpa, muy probablemente el del problema seas tú.

Si te fijas cuando vas por la calle al amanecer, verás que siempre hay basura y bolsas negras malolientes llenas de desperdicios. Te pregunto: ¿recogerías cuanta bolsa apestosa encontraras en tu camino y la guardarías celosamente en tu cuarto al lado de tu cama, y cuando se llenara tu cuarto las seguirías coleccionando en la sala, en el comedor, en el refrigerador o en otros lugares de tu casa? ¿Qué sentirías si, cual sombras nauseabundas, esas bolsas decoraran tu cuarto en forma permanente? ¿Harías algo para sacarlas o dirías: «Las guardo porque todavía tengo más espacio y, aunque huelen muy mal y se están pudriendo, son mías y no las voy a sacar»? Muy pronto empezarías a sentirte enfermo y débil a causa de las infecciones producidas por tan mal hábito. ¿Continuarías tercamente recogiendo más bolsas, o conservarías las que ya están enmohecidas y podridas, sin importar que tu salud empeorara y que en el cuarto ya no pudieses ni respirar? ¿Serías capaz de llevar allí a tus seres queridos? ¿Qué crees que harían? ¿Cómo se sentirían?

Entonces, ¿para qué guardas todas esas bolsas de pensamientos destructivos, sentimientos de rencor, envidia, deseos de venganza, vergüenza y culpa en tu espacio más sagrado que es tu corazón? Al guardar estos sentimientos se deteriora tu salud mental y física, entras en estados de depresión crónica, angustia, dolor y rencor, producidos al no querer liberarte de la basura que decidiste cargar.

Abre hoy las puertas para que un nuevo aire entre en tu habitación; libera todo lo que no te sirve y abre tu corazón al amor, la bondad, la compasión y la humildad, para sanar esas heridas producidas por la basura que tanto tiempo cargaste. Recuerda que todo pasa, que no hay ninguna emoción ni acto ni nada en este mundo que sea permanente. Así como la basura se recicla, transforma y purifica, con los rencores y resentimientos puedes hacer lo mismo mediante la infinita llama del amor, para que sean de hoy en adelante pensamientos renovadores inspirados en el amor y en el servicio a otros. Hoy, más que nunca, recuerda que no tienes vocación de basurero por lo tanto, libérate. No tengas miedo de lanzarte a la acción.

Los infortunios y equivocaciones son como cuchillos: pueden servirnos o cortarnos, depende de si los tomamos por el filo o por el mango.

De qué se nutre el virus que nos impide perdonar

Al tomar conciencia de que infectamos nuestra mente con resentimientos y rencores, podemos empezar a hacer algo para detectar de dónde vienen y para dónde van. Este es el punto de partida para ir a lo más profundo de ese rencor: arrancarlo desde la raíz y así activar nuestros procesos creativos, para lograr percibir todo con una visión clara, sin esa nube de bacterias y virus que torturan, arrebatan y destruyen no solo nuestra paz interior sino la de todos los que nos rodean. Esta es la razón por la cual tenemos que detectarlo y, de acuerdo con sus síntomas, ver en qué estado de incubación se encuentra para poder aniquilarlo y desarrollar un mecanismo efectivo de protección, que será nuestro antivirus.

Los principales y más comunes nutrientes del virus que nos impide perdonar son el odio, la ira, la culpa y el temor. Si no los erradicamos de nuestra mente, nunca podremos perdonar.

El odio

Es una de las manifestaciones predilectas del virus. Destruye implacablemente la paz interior y nos lleva a vivir estados emocionales tan deprimentes que buscamos saciar el dolor con la venganza, la posibilidad de ver al otro destruido y sufriendo. Albergar sentimientos de odio lo único que nos proporciona es tensión, estrés y dolor, que poco a poco se acumulan en nuestra mente, los absorbe el corazón y los somatiza el cuerpo. El odio está catalogado clínicamente como uno de los tóxicos mortales más eficientes. Entonces la pregunta es: ¿por qué no podemos dejar a un lado ese veneno mortal? Tomemos la sabia decisión de dejar este sentimiento nocivo a un lado, aceptemos liberarnos con humildad y pidamos a Dios, con mucha fe, que nos dé paz, misericordia, bondad y entendimiento con nosotros mismos y con los demás. Al respecto, el siguiente relato es muy elocuente:

El dueño de una empresa gritó al administrador porque estaba enojado en ese momento. Este llegó a su casa y gritó a su esposa, acusándola de gastar demasiado al verla con un vestido nuevo. Ella gritó a la empleada porque rompió un plato. La empleada dio un puntapié al perro porque la hizo tropezar. Este salió corriendo y mordió a una señora porque obstaculizaba su salida por la puerta. Ella fue al hospital a vacunarse contra la rabia y gritó al joven médico porque le dolió cuando él le aplicó la vacuna. Este llegó a su casa y gritó a su madre porque la comida no era de su agrado. Ella le acarició los cabellos diciéndole: «Hijo querido, mañana te haré tu comida favorita. Tú trabajas mucho, estás cansado y necesitas una buena noche de sueño. Voy a cambiar las sábanas de tu cama por otras

limpias y perfumadas para que descanses con tranquilidad.
Mañana te sentirás mejor». Luego lo bendijo y abandonó
la habitación, dejándolo solo con sus pensamientos. En ese
momento se interrumpió el círculo del odio, porque chocó
con el de la tolerancia, el perdón y el amor.

Hace algún tiempo, en cierta empresa donde dicté
una conferencia, supe el siguiente caso. Una señora entró a trabajar allí y en su primer día laboral fue presentada a sus nuevos compañeros. Uno de ellos, al verla, ni
siquiera se levantó del asiento ni tuvo gesto alguno de
educación o cortesía. Un levantar de ceja fue todo lo
que le dio como saludo.

Con el paso del tiempo ella empezó a verlo como
un maleducado, un petulante y un mal compañero.
Sin saber lo que ella sentía, él trataba de agradarle y
complacerla, pese a lo cual ella hablaba mal de él sin
motivo y buscaba hacerlo caer en desgracia ante el jefe,
esperando ansiosamente que lo regañaran o lo amones-
taran. Cuando había una reunión en la que debía estar,
nunca lo citaba y deliberadamente no le hacía llegar las
invitaciones. El jefe se dio cuenta de la situación y los
llamó a ambos para confrontar todos esos malentendidos. La sorpresa de aquel hombre fue muy grande al
enterarse de todo lo que aquella mujer había hecho a
sus espaldas.

De ahí en adelante empezaron las peleas, reclamos,
insultos, manipulaciones y traiciones, hasta que toda
la compañía se infectó de aquel virus. Empezaron a

meterse en el problema aquellos que no tenían nada que ver. Así comenzó la lucha por el poder. Se crearon los bandos de los fuertes y los débiles. Los más fuertes trataron de manipular y doblegar a los otros, e injustamente los hicieron amonestar y sancionar, incluso en ocasiones algunos eran expulsados. Esta situación no solo afectó las relaciones laborales sino las personales, pues todos llevaban los problemas al hogar, a tal extremo que el hijo de la señora, a sus trece años, ya odiaba a ese hombre sin conocerlo siquiera.

Cuando llegué a esta compañía a dictar mi conferencia, el auditorio se dividió en dos grupos y en el centro había un gran vacío. La energía negativa y la tensión se sentían en aquel teatro. Las pullas, las miradas de reojo por encima del hombro y el desprecio de unos por otros eran evidentes. Después de hacer el ejercicio de liberar la culpa y ponernos en los zapatos del otro para poder percibir las cosas desde su punto de vista, todos pudieron aceptar y comprender que actuaban motivados por la inconsciencia y el odio. En el trabajo de grupo, cuando identificaron la causa de aquel odio (que él no se hubiera levantado del asiento cuando ella le fue presentada) y vieron que todos se habían contagiado de ese sentimiento infundado, se abrazaron y no paraban de reírse.

La ira

Este sentimiento nubla nuestra mente cuando alguien nos ofende, agrede, insulta, traiciona, irrespeta o maltrata, y se manifiesta a través de reacciones impulsivas sin sentido. Se trata de una emoción primaria, diseñada para protegernos.

En momentos de agresión descargamos adrenalina y nuestro cuerpo desencadena una reacción química generalmente manifiesta de dos maneras: cuando enfrentamos la situación y atacamos de inmediato al agresor, o cuando huimos despavoridos.

Una característica común es que la ira se presenta de un modo totalmente intempestivo e inconsciente, y desemboca en actos con los que podemos consolidarnos ante la sociedad como héroes valientes o asesinos despiadados. En cualquiera de los dos casos, después de haber reaccionado, cuando la mente se tranquiliza y vuelve la conciencia, nos damos cuenta de haber arriesgado la propia vida o la de otros sin que tuviéramos realmente tal intención.

En todas estas situaciones, la ira no es buena ni mala, ya que algunas veces nos puede salvar la vida y otras nos puede llevar a perderla. Pero cuando guardamos en la memoria esa emoción que ya pasó y la incubamos en el corazón, se convierte en un rencor o resentimiento obsesivo que nos arrebata la paz interior y nos impide perdonar.

Tómate un minuto y analiza cuál sería tu reacción si descubres que la persona que has amado incondicionalmente, por tanto tiempo, sostiene otra relación amorosa y, para tu sorpresa, el único que no lo sabía eras tú. Es probable que sientas un nudo en la garganta, te falte el aire, tus músculos se tensionen, tu mandíbula se contraiga, el pulso se te acelere, comiences a sudar y tu mente se nuble. En un momento así reaccionas eligiendo impulsivamente entre dos opciones: afrontar la situación o huir de ella. Sin embargo, el problema más grave de tal situación no es lo que sucede en ese momento, porque lo quieras o no es una realidad que tarde o temprano tienes que aceptar; el problema real es que después de transcurrido un tiempo vuelves a vivir —con el poder creativo de tu mente— los mismos sentimientos y síntomas, con lo cual la ira se convierte en odio.

La culpa

En nuestra sociedad es muy frecuente jugar el papel de víctimas y victimarios permanentes, quejarnos siempre de lo que nos ha tocado vivir, y peor aún cuando mezclamos todos estos sentimientos con una religiosidad mal entendida. Todos nos equivocamos y tenemos derecho a otra oportunidad. La culpa es sana si existen arrepentimiento y una firme decisión de cambiar, reconociendo nuestras responsabilidades y errores sin necesidad de lastimarnos. Desafortunadamente, no es esta la culpa que nos han enseñado a manejar, nos condicionan para cargar durante toda la vida el peso de la culpa, asociados con cualquier cosa que hayamos hecho en el pasado aunque hayamos cambiado, e incluso somos juzgados por actos que no hemos cometido y hechos de los cuales somos totalmente inocentes.

Buscamos siempre la aprobación de una sociedad moralista e hipócrita, que a través de conceptos basados en el sufrimiento, el señalamiento y el juicio implacable destruyen la poca autoestima que tengamos; nos deja maniatados, nos hace sentir indignos, culpables y malos por el resto de nuestras vidas, como si no tuviéramos derecho a cambiar. Así mismo, sufrimos todos los señalamientos destructivos que provienen, por lo general, de nuestros padres y educadores, quienes nos comparan, nos tratan de inútiles, indignos y desagradecidos en vista de todo lo que han hecho por nosotros. Además, camuflados en una supuesta madurez, nos programan para buscar siempre a quién echarle la culpa cuando, al contrario, la madurez consiste en aceptar con responsabilidad las consecuencias de todas nuestras acciones. Por eso, tenemos que liberarnos de esa actitud de eternas víctimas, producida por el sentimiento de culpa que nos ancla al pasado, y aprender a disfrutar el presente como es y no como otros nos indiquen que debamos vivirlo.

Un maestro escribió al gobernador una durísima carta para protestar por la brutalidad con que había sido reprimida una manifestación en contra del racismo. El gobernador le respondió afirmando que no había hecho más que cumplir con su deber. Y este fue el comentario que hizo el maestro: «Siempre que un estúpido hace algo de lo que debería avergonzarse busca a quién echarle la culpa, y si no encuentra un culpable afirma que solo ha cumplido con su deber».

El siguiente es un caso sobre las incalculables consecuencias de una culpa que no tenía razón de ser, pero que se transformó en perdón.

Laura vivió toda su infancia y adolescencia oyendo de sus padres el mismo sonsonete: «¡Es increíble! Hagas lo que hagas, nunca haces las cosas bien. Siempre haces lo que no debes y dejas de hacer lo que deberías. No sirves para nada. Eres un desastre, nunca prestas atención». Fue así como empezó a creer en estas palabras de rechazo y burla, y sintió que no era amada realmente. Sentimientos de frustración y culpa abrieron una herida en su corazón. Por ello, en su afán de ser comprendida y valorada, cayó muy joven en las garras de un hombre mayor, en apariencia bueno y comprensivo, en quien se refugió para buscar un poco de consuelo frente a esa sensación de rechazo.

Cuando todo parecía color de rosa y sentía que su herida sanaba, quedó esperando un bebé de este hombre, que al enterarse trató de convencerla para que no lo tuviera. Al ver que ella no aceptó su propuesta le descargó toda su ira y dijo que ahora entendía por qué sus padres eran así con ella; de esta manera reafirmó lo que sus padres le habían dicho toda la vida. Ese día aquel hombre la abandonó.

Laura tuvo al bebé en contra de toda su familia y de nuevo fue señalada y juzgada por su conducta. Desde ese momento volvieron a atormentarla los sentimientos de culpa arraigados en ella.

Se culpaba por todas sus desgracias y dictó para sí misma una sentencia que se convirtió en sentimiento crónico de indignidad, la llevó a una depresión y la hizo totalmente infeliz. Todo ello desembocó en una enfermedad física y mental que la indujo a agredir a otros.

Para calmar su dolor buscó nuevamente apoyo y encontró una amiga que la escuchaba y le prestaba toda la atención necesaria, pero desafortunadamente sus consejos iban mezclados con drogas y sustancias tóxicas. En medio de su soledad y desesperación, fue cayendo en las garras del vicio y perdió toda su fuerza de voluntad.

Finalmente, un día conoció a un hombre que le tendió la mano y le hizo ver que no tenía sentido atribuirse culpas por todos sus «errores», pues incluso de muchos era inocente. Le explicó que este tipo de juicios destructivos y condenatorios que permanentemente se hacía eran el resultado de no querer ver la realidad sino como los demás querían que ella la viera. Cuando tomó conciencia de esto empezó su liberación de la culpa, comprendió que lo único que podía realmente cambiar era su manera de ver las cosas y su actitud hacia la vida, pero sin sentirse indigna e infeliz.

Así fue como empezó a sanar y en vez de recordar con rencor, lo hizo con amor y agradecimiento. Vio a sus padres con infinita compasión y lástima, porque vivieron inmersos en una vida tortuosa que no era la de ellos, sino la de otros. Regresó a su casa, y al decirles con tanto amor todo lo que sentía, sus padres entendieron que eran responsables de haber destruido los años más tiernos de su hija, y se lamentaron por lo tarde que era ya para recuperar todas aquellas cosas simples y lindas que le habían negado.

Cuando miramos al fondo de cualquier ser humano, encontramos que nadie es totalmente bueno ni totalmente malo. Somos una mezcla de sol y sombra: a veces estamos de un lado y a veces de otro, porque de todas maneras necesitamos esa oscilación para poder vivir. Pero el éxito en la vida es encontrar el balance.

El temor

Miles de personas se resisten a perdonar por miedo a liberar todos los rencores y resentimientos cargados durante tanto tiempo, pues creen que al hacerlo podrían ser nuevamente agredidas; otras creen que al perdonar pueden perder a la persona que ha sido fuente de placer o bienestar, y otras prefieren cargar ese resentimiento o rencor por el resto de sus vidas, porque creen que al conceder el perdón quien se beneficia es el agresor. No entienden que las verdaderas beneficiarias del perdón son ellas mismas.

A mediados de junio de 2003 conocí el caso de un niño cuyos padres habían sido cruelmente asesinados en una vereda muy retirada. El niño, de tan solo seis años, quedó totalmente aislado en el campo, acompañado solamente por su perro. Día a día, en medio del dolor y la soledad, trataba de espantar inútilmente los gallinazos que llegaban a comerse los cuerpos de sus padres, ya con señales de descomposición. Durante quince días con sus noches este niño estuvo cuidando a sus padres y sobreviviendo con el poco alimento que quedaba.

Finalmente, un señor que los visitaba de vez en cuando encontró esta escena desgarradora e inmediatamente se llevó al niño para el pueblo más cercano. Lo único que el pequeño pudo llevarse, en medio de su tragedia, fue el reloj ensangrentado de su padre.

¿Qué crees que puede hacer y sentir un niño campesino que ha vivido una situación de estas? ¿Hasta dónde hemos llegado? El día en que lo conocí, aparte de su expresión de dolor e incertidumbre, su miedo era tan grande que llevaba varios meses sin hablar. Este ser probablemente vivirá el resto de su vida atemorizado, pensando que a él también lo matarán y continuará un círculo vicioso si no transita por el camino del perdón.

Liberar y perdonar

En los treinta años que llevo trabajando con los niños de la calle y las alcantarillas, con el ser humano en su máxima degradación, manejando la depresión, el estrés y el suicidio he encontrado que una de las causas más frecuentes de estos males está en no poder o quizás no saber perdonar.

En el proceso del perdón tendemos siempre a ir por el camino más fácil; sin pensar mucho lo dejamos en manos de Dios y con unas cuantas oraciones creemos que ya hemos perdonado. Existen dos pasos para perdonar que se compenetran y se funden en uno solo, si bien deben seguir siempre un proceso natural, pero nosotros tendemos a invertirlos. Primero debemos lograr un perdón racional, que consiste en aceptar, comprender y liberar la culpa. Y solo después de ello debemos lograr un perdón divino, a través del cual dejamos realmente todo en manos de Dios, así nos liberamos y sanamos interiormente a través del amor.

Imagina que acabas de recibir una gran noticia: te van a hacer un reconocimiento nacional, te van a dar una medalla de honor por tu servicio incondicional a la humanidad. Contesta sin pensar mucho: ¿qué harías? Tal vez saltarías de emoción e inmediatamente llamarías por teléfono a tus seres queridos. Si el gran evento fuera la semana siguiente, el lunes, por ejemplo, ¿qué harías? Este fin de semana quizás irías a comprarte el mejor vestido, pasarías por peluquería, latonería y pintura, ¿no es así? Y si sabes que el premio es en otra ciudad, buscarías llegar allí la víspera.

Ahora siente esa emoción y esa satisfacción, y mírate en el gran día. Te recoge en el hotel la limusina privada de la Presidencia y vas radiante, con satisfacción y ansiedad revueltas. De repente, llegas al destino final y ves que alrededor hay periodistas, cámaras y mucha gente esperando tu llegada. Como se abalanzan sobre el auto, este ha quedado estacionado algo lejos de la acera y en ese preciso momento descubres un charco de pantano maloliente, mezclado con aceite quemado. ¿Qué harías? ¿Saltarías o darías una zancada? Pues bien, imagina primero tu pie derecho firmemente anclado en el andén y tu pie izquierdo levantándose para completar el paso. Pero justo en ese instante viene corriendo una niña de unos trece años, se choca contigo, te tumba y vas a dar con tu atavío impecable a ese charco de barro y grasa. Cuando abres bien los ojos ves que de tu codo izquierdo brota sangre y sientes que tu pelo ha quedado más negro y aceitoso que aquel pantano.

Te pregunto, y contesta sin pensar, en voz alta: ¿qué le dirías a esa niña? Siéntelo y expresa tu emoción. Estoy seguro de que no le dirías: «Oye, tú eres una criatura de Dios y no tienes la culpa; por eso dame otro empujón por el lado contrario para quedar parejo», ¿no es cierto? Tal vez le dirías: «¿Por qué no pone atención? ¡Mire cómo me estropeó la ropa y la noche!». Quizás alguien en tu caso la insultaría y es posible que otro hasta la empujara o quién sabe qué más.

Ahora imagina que estás entre esa agua negra diciendo todo lo que se te vino a la mente, mientras la niña ni siquiera te mira. Por el contrario, te da la espalda bruscamente y se va fresca y campante. Visualízate allí. ¿Qué le dirías? ¿Qué harías? Tal vez te levantarías de allí mucho más enojado, con ira e intenso dolor. ¿La perseguirías y además de insultarla la agredirías físicamente?

Siente ahora vivamente esta escena: tomándola bruscamente del brazo le recriminas todo, y lleno de ira te fijas de repente en sus ojitos apagados y comprendes que la niña es ciega. ¿Qué sientes? ¿Qué harías? Supongo que le dirías: «¡Huy, qué pena! Perdóname, no quise ofenderte», y tratarías por todos los medios de compensar esa ofensa.

Ahora vamos a examinar esto a fondo. Si alguien te hubiese preguntado lo ocurrido, antes de saber que la niña era ciega, ¿qué hubieras respondido? Que te encontraste con una imbécil, etcétera. Pero ahora, sabiendo que es ciega, ¿qué sentirías? Me imagino que lástima por haber sido muy injusto, por haberla maltratado sin que tuviera la culpa. El culpable de no mirar, de no poner atención, de no estar concentrado, eras tú.

En ese preciso momento acabas de liberarla de la culpa, entiendes tu responsabilidad, te pones en los zapatos de ella y comprendes desde otro punto de vista todo lo sucedido. Hubo un entendimiento, una toma de conciencia, ocurrió lo que llamamos perdón racional, y cuando el episodio vuelva a tu mente no recordarás a la niña como una tonta o una irresponsable, sino como una invidente. Ahora bien, cuando aceptas, comprendes, liberas de la culpa y actúas con bondad, humildad y compasión; cuando dejas todo en manos de Dios y permites que Él actúe a través de la fuerza más poderosa del Universo, que es el amor, ocurre el perdón divino, que no consiste en olvidar, sino en recordar sin dolor o, mejor aún, en recordar con amor.

En este punto puede haber personas que piensen: «¡Pero si mi mujer no es ciega, ella puede ver muy bien!». Y yo les contesto: hay gente que mira pero no ve, oye pero no escucha, siente pero no experimenta. Esa es la causa por la cual, en vez de vivir y disfrutar la vida, simplemente sobreviven. Otros dicen: «Yo ya perdoné a ese imbécil manipulador, además tacaño, y no me acuerdo de él», o «Esa estúpida, superficial y plástica lo único que buscaba era su comodidad... En fin, problema de ella», o «¡Cómo me manipuló y me utilizó! Es un tal por cual, pero ya me olvidé, ya lo perdoné». Esto es totalmente falso.

Cuando pienses en alguien que te ha hecho daño, te ha ignorado o rechazado, y en tu corazón o en el estómago sientas esa rabia o ese cosquilleo, significa que tienes que empezar a elaborar el duelo, liberar de la culpa y finalmente perdonar. De lo contrario, somatizarás ese rencor y sentirás al principio estreñimiento, gastritis, y luego dolor de cabeza y de espalda; o tendrás problemas de corazón y terminarás amargado, triste y quizás con un cáncer producido por guardar resentimiento, rencor e ira en tu corazón. Por eso, el perdón no es un regalo para los demás, es un regalo para nosotros mismos.

Y el hecho de haber perdonado a aquellos por quienes sentimos tanto rencor no significa que perdamos el sentido común. Es decir, ante la violencia, el maltrato, la infidelidad, la deslealtad y la ofensa constante solo tenemos dos opciones: buscar ayuda terapéutica para trabajar en nuestros problemas o alejarnos por un tiempo. Bajo ningún punto de vista ni circunstancia podemos violar o dejar que violen nuestros principios y dignidad, pues ellos no se negocian. Si no hay coherencia entre el sentimiento puro que procede del corazón y el raciocinio lógico que viene de nuestra mente, el dolor será inmenso.

El perdón y el arrepentimiento deben ser sinceros, porque hay quienes se arrepienten solamente cuando los pillan *in fraganti* y usan el perdón como excusa para encubrir sus faltas, pero no como una herramienta para lograr su paz interior.

Herramientas para perdonar y liberar la culpa

- Identifica la raíz del dolor donde se acumula el rencor. Detecta en qué parte de tu cuerpo se localiza la sensación de opresión. Recuerda la última vez que recibiste una ofensa o agresión, y trata de identificar por qué ocurrió y cómo. Fíjate si también fue culpa tuya o si reaccionaste de manera condicionada, solo porque esa persona no hizo lo que querías.

  Busca luego un lugar tranquilo y acogedor, rodeado de naturaleza, si es posible. Contempla y observa detenidamente todas las maravillas que Dios te ha dado. Mientras tanto, relájate y respira profundo, varias veces, inhalando y exhalando despacio con tus ojos cerrados.

  Pídele a Dios, que está dentro de ti y que es puro amor, que te ilumine con su luz, a ti y a todos esos seres equivocados que viven en las tinieblas y en la oscuridad.

  Pero no los mires como a seres chismosos, miserables o perversos sino, por el contrario, ora y medita pidiéndole a Dios amorosa comprensión y compasión por ellos.

Piensa con humildad que tú también cometes errores y que de una manera u otra también has hecho sufrir a los demás, ya sea por acción o por omisión. Notarás muy pronto que, si lo haces continuamente durante varios días, empezarás a recordar esos momentos y esas personas sin resentimiento ni rencor. Así iniciarás tu proceso real de perdonar.

- Trata de ponerte en los zapatos del otro. Mira la situación desde su punto de vista. Al hacerlo, tus ideas, pensamientos y emociones cambiarán, y así mismo tu percepción de la realidad.

- Intenta encontrar la manera de liberar de la culpa al otro. Míralo como a una persona que tal vez estaba llena de temor, ira, dolor, presión, o que quizá se encontraba bajo los efectos del alcohol, las drogas, etcétera. Después de haber encontrado una justificación para tal actitud, aprende que, ante una agresión, las partes involucradas tienen siempre sus propios y diferentes motivos para actuar y reaccionar como lo hacen.

- Ámate, quiérete, cuídate y valórate. Experimenta la presencia de Dios en tu corazón, siente que eres amado por Él y devuelve amor a quien te agrede. Ora como si todo dependiera de Dios y actúa como si todo dependiera de ti.

- Nunca te identifiques con el sufrimiento. Hoy tienes toda la capacidad para aprender a elegir si amas o sufres. Recuerda que siempre tienes dos opciones para enfrentar y dominar el dolor: sanamente, sin sufrimiento, o con un sufrimiento destructivo, para llamar la atención, compadecerte o quizás disfrutar torturándote.

La gran diferencia que hay entre el dolor y el sufrimiento consiste en que el primero es una vivencia física y mental que en un momento dado entra en el umbral de nuestra atención, en primer plano. En cambio, el sufrimiento es la manera particular en que cada persona vive, percibe e interpreta el dolor, para guardarlo en su corazón y cargarlo por largos períodos de tiempo o quizás toda la vida. A partir de hoy, cambia esa programación que te ha hecho sufrir sin necesidad y empieza a cultivar diariamente cualidades positivas como la humildad, la compasión, la paciencia, el coraje, la osadía, la generosidad y la perseverancia.

- Permanece siempre alerta para no caer en los errores del pasado. Recuerda que perdonar es un estilo de vida que debes practicar y experimentar día a día, hasta que después de un tiempo se convierta en un hábito inconsciente. A partir de este aprendizaje tienes asegurada una vida reconfortante para el espíritu, llena de paz y regocijo, porque tu corazón estará limpio de ese virus que tanto daño te hace.

- Recuerda siempre que todo pasa. Ninguna emoción, situación o circunstancia es permanente. Así como hay día y noche, luz y sombra, tenemos momentos de alegría y de tristeza. Lo único que puedes hacer es aceptarlos como parte integral de la dualidad de la naturaleza.

Ejercicio para liberar el rencor

Antes de iniciar el ejercicio, toma conciencia e identifica lo que te perturba de los otros. Tal malestar muchas veces es inconsciente, puede producirse por una palabra que te hiere o simplemente porque alguien piensa, habla o actúa diferente de ti, o no es como quisieras que fuera.

Cuando de manera inconsciente tratamos en vano de transformar a las personas, ello nos duele y muchas veces por esta causa nos llenamos de rencor, frustración, dolor y resentimiento hacia ellas. ¿Qué sientes cuando piensas en personas que te desagradan? Analiza por qué te caen tan mal, qué te molesta de ellas.

Observa si sientes rencor, envidia, rabia, temor o miedo. Identifica esta sensación, detecta si has tenido problemas reales con esas personas, si han sido creados por tu imaginación, o si se trata solo de manipulaciones de tu ego que busca ser aprobado, adulado o reconocido.

Una vez que tengas claro lo anterior, recoge piedras de diferentes tamaños, proporcionales a la intensidad del resentimiento que tengas con cada una de esas personas. Marca cada piedra con el nombre, la inicial o un símbolo que las identifique, y guárdalas todas en una bolsa que empezarás a cargar siempre dondequiera que vayas.

Cuando sientas realmente cómo te estorban y agotan, sácalas una a una, lee el nombre de esa persona, visualízala y trata de recordarla sin resentimiento ni rencor, liberándola de la culpa. En la medida en que lo logres, después te vas con cada piedra a un sitio abierto y la tiras lo más lejos posible o contra el piso, con toda tu fuerza.

Cuando ya no cargues ninguna piedra, te darás cuenta de lo agradable que es quitarse de encima el peso del rencor. En ese momento entenderás que no tiene sentido cargarlo y guardarlo, porque el único que tendría que soportar ese peso serías tú.

Alas a
la imaginación

Nunca, nunca, nunca jamás dejes de soñar.

No juzgues cada día por lo que cosechas, sino por las semillas que has sembrado. No importa la cosecha de hoy porque es el resultado de lo que sembraste ayer; lo importante es que siembres nuevas semillas y queden bien plantadas en terreno fértil, no muy cerca de un arbusto grande cuyas raíces podrían absorberlas o ahogarlas, ni tampoco tan lejos porque no tendrían sombra.

Cuando la raíz ha tenido tiempo para formarse, crecer y profundizar en las entrañas de la tierra, la planta puede transformar el estiércol —ese desecho sucio y maloliente— en nutrientes que le darán la fuerza para emerger a la luz, desarrollarse y producir las flores y frutos anhelados.

Así son nuestros sueños. Esas ideas y pensamientos son como semillas que debemos cultivar con cariño, dedicación y cuidado, pero sin tratar de acelerar su proceso natural. Para lograr la cosecha de nuestros sueños necesitamos perseverancia, constancia, dedicación, paciencia, fe, amor y pasión. Y, sobre todo, disfrutar el proceso y no perder nunca la capacidad de asombro, apreciación y agradecimiento.

A lo largo de mi infancia y adolescencia recibí diferentes señales —cada vez más claras, con los mismos elementos y personajes—, que de una u otra manera me inspiraron para soñar y actuar. Recuerdo perfectamente que en la Navidad de 1973 la señal fue tan fuerte que me iluminó para encontrar mi verdadera misión en este mundo. Aún recuerdo a aquella niña de la calle que recogió, llena de ilusión, la caja de una muñeca que había caído de un carro. Yo transitaba por esa vía, y la niña, por mirarme, se distrajo y no advirtió que justo en ese momento venía un camión a gran velocidad que la atropelló y le arrebató su vida y sus sueños. Ella murió sin saber que en el interior de aquella caja no estaba la muñeca que tanto anhelaba. Desde ese momento empecé a recorrer las calles para llevar a aquellos niños y niñas un pedazo de pan, para tratar de calmar su dolor, ayudarles a sanar las heridas del alma y darles una luz de esperanza para salir de la oscuridad en la que viven.

Unos años más tarde, camino al trabajo, la vía por la que transitaba se hallaba bloqueada por un gran tumulto de gente. Me bajé del auto, caminé hacia el puente al que todos se dirigían y nuevamente encontré en el piso a otra niña, al parecer atropellada por un auto, revolcándose de dolor y con la cara totalmente ensangrentada. De inmediato recordé a la niña que perdió la vida en la Navidad de 1973 y reconocí que se trataba de otra señal que Dios me enviaba. Rápidamente la alcé del piso y la llevé al hospital más cercano. Esperé y poco después, para mi sorpresa, el médico salió acompañado por ella y me explicó que no había sido atropellada por un auto, sino que había sufrido un ataque de epilepsia; al caer, se había golpeado contra el andén y por ello había sangrado. Sorprendido y feliz de que la niña se encontrara bien, la abracé y le pregunté dónde vivía, para llevarla con sus padres. Tímidamente me contestó que no tenía padres y vivía en la alcantarilla debajo del puente donde yo la había recogido. Nunca antes en mi vida había oído acerca de niños que vivieran debajo de la ciudad.

Inmediatamente salimos hacia allá. Lleno de curiosidad y asombro, entré con ella en un agua helada, espesa y hedionda. Mis pies se empezaron a enfriar al contacto con una superficie totalmente babosa y lisa. A medida que entramos, el aire se hizo más denso y un calor extraño, unido a un olor fétido, se sentían en el ambiente. Las ratas y las cucarachas deambulaban de un lado a otro, pero la niña caminaba resuelta tratando de iluminar el camino con la luz tenue y titilante de una vela. Metros más adelante me señaló unas tablas atravesadas por encima del nivel del agua negra y de las cuales colgaban trapos viejos, costales y periódicos húmedos. Me presentó a sus compañeros de parche y yo no podía creer lo que mis ojos veían. Me sentía en un verdadero infierno.

En ese instante, en medio de ese lugar en que la noche era eterna y la desesperanza y el miedo reinaban, mi cuerpo se congeló, mi corazón se arrugó, mi mente se nubló… pero mi espíritu se iluminó: rebosante de fe, pasión y amor, visualicé mi gran sueño de rescatar del desamor, uno a uno, a todos los hijos de la oscuridad en mi amada Colombia. Así empecé a contar mi sueño a todas las personas que me encontraba. Unas me ayudaron, otras se burlaron de mí, otras me criticaron y otras dijeron que simplemente estaba loco de remate.

Tuve dos opciones. Una de ellas era escuchar a los asesinos de sueños, que me criticaban y cuestionaban tratándome de iluso; me decían que pusiera límite a los sueños, que mi propósito era imposible, un problema que le competía al gobierno, que eran muchos los niños de las alcantarillas y yo no podría sacarlos a todos, que era muy peligroso, pues me podrían atracar o podría enfermar de tifo, hepatitis o lepra. Pero la otra opción era escuchar mi voz interior y mi corazón, para poder amar sin límites lo que me proponía, actuar con pasión, perseverancia y coraje, a pesar de que la mayoría estuviera en desacuerdo o en franca oposición a mis sueños.

Después de todos estos años, si yo no hubiera escuchado la voz de mi corazón sino la de otros, miles de niños y niñas a quienes se les ha dado la oportunidad de cambiar, y que aprendieron a soñar en la Fundación Niños de los Andes, aún estarían viviendo en la oscuridad.

Así pues, como buenos jardineros, sigamos estos pasos:

- Preparemos, aremos y limpiemos el terreno donde vamos a sembrar nuestros sueños. Es decir, establezcamos dónde, cómo, cuándo y para qué.
- Cuidemos y nutramos diariamente nuestros sueños, con la prioridad puesta en los más importantes pero con un trabajo equilibrado en todos ellos; con amor pero sin apegarnos y permitiendo que la naturaleza haga también el trabajo en su interior.
- Tengamos paciencia y entendamos que todo llega a su debido tiempo y en su justa medida.

Cómo convertir los sueños en realidad

Nunca, nunca, nunca jamás dejes de soñar, ponles alas a tu imaginación y al tren de aterrizaje a tus sueños a través de la acción inmediata. Esta frase contiene tres claves para hacer realidad tus sueños:

1. Nunca, nunca, nunca jamás dejes de soñar. Sueña como si fueras a vivir eternamente. Vive y disfruta tus acciones amorosas y tus elecciones como si fueses a morir hoy. Quien lo intenta una vez quizás pueda fracasar, pero aquel que no lo intenta ya fracasó. Séneca decía sabiamente: «No es que no nos atrevamos porque las cosas sean difíciles; es porque no nos atrevemos que las cosas son difíciles». Fíjate bien en

el momento en que dejas de soñar, porque significa que estás muriendo.

2. Ponle alas a tu imaginación. Si no cultivas tu imaginación es como si tuvieras alas y no pudieras volar. Usa todo el poder creativo que hay en ella y deja que tu subconsciente siga los procedimientos necesarios para conseguir esos sueños. Cuando te sumerges en el diario vivir, la vida pasa sin que lo adviertas.

3. Ponles tren de aterrizaje a tus sueños a través de la acción inmediata. El que camina sin saber a dónde va generalmente llega adonde nunca hubiese querido llegar. Si no sabes exactamente qué quieres, cómo lo quieres y hacia dónde te diriges, ¿cómo crees que vas a alcanzar tus metas? Si tu visión está turbia no puedes dar en el blanco.

Cada paso en la búsqueda de tus sueños debe proporcionarte tanta claridad que puedas contemplarlos como si ya fueran realidades. Así te asegurarás de llegar a tu destino. No te limites a pensar qué quieres conseguir. Diseña un plan de acción con metas y objetivos claros a corto plazo, y nunca los postergues. No dejes que tus sueños de siempre se conviertan en pesadillas a causa de tu inactividad por limitarte a pensar y hablar en vez de actuar a tiempo. Fíjate en qué te produce frustración o desasosiego en este momento: ¿haber dejado pasar la vida pensando siempre en ese sueño que ibas a realizar pero que nunca lograste, quizás por vivir los sueños de otros y no los tuyos? Si planeas y manejas bien el tiempo, sobrará incluso para llevar a cabo otras actividades. Hay una gran diferencia entre conocer el camino y recorrerlo, entre pensar y actuar.

En cuarto de primaria, por la época de las misiones con el hermano Cardona, descubrí que el celador del colegio vivía en un cuarto frío, feo, apestoso y miserable. Entonces empecé a vender «minisicuí», que era sal de frutas con anilina y azúcar envueltas en un cucurucho de papel, y con el dinero que ganaba aspiraba a construir una casa para Néstor. Mi padre tenía una ferretería donde vendía pinturas e insumos para construcción, así que con su ayuda, la de mis compañeros *scouts* y la del cura «Buñuelo» Gutiérrez —quien era extremadamente servicial—, empezamos la construcción en un lote, durante los fines de semana. Después de varios meses logramos terminar aquella casa, fruto del amor y del trabajo en equipo de muchos niños que compartían un mismo sueño. Posteriormente, se convirtió en parte de un barrio completo llamado San Luis Gonzaga, con 72 casas.

Todo esto empezó como un pensamiento, llevado a la acción a través del amor. En ese momento entendí que los sueños se hacen realidad cuando actuamos con fe, lo cual consiste en creer para ver y no en ver para creer. Aprendí a dormir para soñar y a despertar para seguir soñando durante todo el día, pero con mis ojos y mi corazón bien despiertos.

Herramientas para cristalizar los sueños

- Cierra las cortinas del exterior y abre las puertas a tu imaginación creativa. Piensa en todos esos sueños que siempre quisiste hacer realidad, pero que quizás ni intentaste por pensar que eran imposibles, por centrar tu atención en que no podías, o por creer en quienes te decían que no lo lograrías. Debes disciplinar tu mente para dirigir toda tu atención y concentración hacia aquello que amas, no a lo que temes.

- Elige y decide específicamente qué quieres en las diferentes áreas de tu vida. Identifica los sueños que conciernen a tus relaciones con los demás, a tus metas financieras, a tu poder y crecimiento personal, a tu salud y estado físico, y lo más importante de todo: a la firmeza de tu espíritu.

Tu mente necesita saber en qué debe centrarse antes de empezar el proceso creativo —resultado de aquello en lo que has enfocado toda tu energía—, porque es muy sensible a la energía o a cualquier tipo de pensamiento.

Si te dices a ti mismo: «Quiero ser feliz y tener muchas riquezas», pero centras constantemente tus pensamientos en la pobreza y en la tristeza, lo que piensas obedece a un patrón de pensamiento más potente y de mayor energía que lo que dices, por lo tanto, pobreza y tristeza es lo que vas a recibir.

Es importante que aprendas a cultivar, dirigir y dominar tus pensamientos, centrando toda tu atención en aquello que quieres lograr. Si piensas que vas a lograr algo, lo lograrás.

- Dibuja, pinta y planea en un papel todos tus sueños. Hazlo de tal manera que cuando cierres tus ojos puedas verlos nítidamente, que puedas sentir con el corazón que ya los conseguiste. Transpórtate con las alas de la imaginación al lugar y al tiempo en que ese sueño se realiza.

  Experimenta con los cinco sentidos la sensación de haberlo conseguido. Tienes que ser muy específico con respecto a lo que quieres, cómo, dónde y qué pasos concretos darás para conseguir tus propósitos a corto plazo. A través de la visualización no solo expresas con detalle lo que deseas sino que también lo puedes ver. Por eso es tan importante hacer afirmaciones concretas y visualizar profundamente.

  Aprende a reconocer en cada paso todos los obstáculos que el camino te impone; piensa que son como peldaños de una escalera y sobre todo oportunidades para hacer realidad tus sueños.

- Escoge el sueño prioritario. Una vez identificados tus sueños, elige uno de ellos en el área de tu vida que quieras fortalecer. Elabora frases cortas y afirmativas. Repítelas cuantas veces puedas cada día, por un período mínimo de veintiún días, hasta que tu mente creativa las asuma como propias y se conviertan en un hábito inconsciente.

- Decreta tu sueño. No tengas miedo de contárselo a otras personas. Cuando compartes tu sueño tienes la posibilidad de que te ayuden; mientras tanto, otros te presionarán y preguntarán por la realización de ese sueño, lo cual te ayudará a ser perseverante, eficiente y paciente.

- Lo que deseas también te desea a ti. Recuerda que lo que pides también clama por ti, lo que buscas está buscando la manera de hallarte. Ten fe en Dios, en ti y en tu proyecto, siente pasión por lo que haces, sin importar lo que digan los asesinos de sueños.

- Sigue adelante, pase lo que pase, y ama, porque cuando amas lo que haces y disfrutas haciéndolo, todos tus sueños se hacen realidad.

Si eres padre o maestro, jamás seas un estrangulador de sueños, no les cortes las alas a quienes educas. Si eres hijo o discípulo, por nada del mundo permitas que tus anhelados sueños sean frustrados por personas egoístas que buscan su interés particular, un reconocimiento inmerecido o quizás simplemente cumplir una tarea. Nunca trates de cambiar por complacer a otros, pues no hay manera de tener contento a quien no está satisfecho consigo mismo.

¿Cómo hace la gallina para poner un huevo? Primero da vueltas y más vueltas, luego empieza a picotear y finalmente pone su huevo en cualquier hueco del gallinero, empieza a cacarear, deja su huevo abandonado allí y después alguien lo recoge y se lo lleva. A diferencia de la gallina, el águila real pone sus huevos en lo más alto de las montañas y nunca los descuida. Aclarada esta diferencia tan elocuente, me permito ofrecer la siguiente historia, adaptada a partir de varios cuentos:

Cuenta la leyenda que un indio lakota subió a la cumbre más alta, donde solo habita el águila, y se robó uno de sus huevos. Lo llevó al campamento y lo puso en el nido de una gallina, que al verlo lo empolló y cuidó junto con los propios. Finalmente nacieron los pollitos y el aguilucho. Todos se burlaban de él por flaco, arrugado y lento, mientras sus hermanos eran veloces, tersos y lindos. Así pasó el tiempo y el aguilucho aprendió a aletear y a expresarse como las gallinas. Comía maíz y brincaba de un lado a otro tratando de volar con sus alas encogidas.

Un día, se oyó la voz de alerta en el gallinero porque venía hacia allí el gavilán pollero, que se comía por lo menos a uno de ellos en cada ataque. Todos huyeron despavoridos y se metieron a un tronco hueco que había allí, pero desafortunadamente el aguilucho, que ya era una joven águila, no pudo hacerlo por ser muy grande para tan pequeño hueco. Lleno de miedo miró al gavilán y le suplicó que le perdonara la vida, arguyendo que era un pollito bueno. El gavilán, sorprendido, le dijo: —¿De qué hablas? ¡Tú no eres un pollito! ¿Acaso estás loca? Mírate las alas y el cuerpo. Eres el águila real y de un solo zarpazo serías capaz de matarme.

Como el águila no entendía, el gavilán añadió: —¿Ves aquella ave que vuela majestuosa por las cumbres más altas, a las que nadie puede llegar? Pues esa es un águila real, como tú. Ella, estupefacta, no lo podía creer, así que el gavilán la llevó hasta una laguna y le dijo: —Mírate en el agua y verás que tus alas y tu cuerpo no son como los que muestran los pollos y gallinas con quienes vives y a los cuales tienes por familia. Ha llegado el momento de abrir tus alas y volar. Con gran dolor y duda el águila trató de mover sus alas y después de dar pequeños saltos comenzó a elevarse por los aires, cada vez más alto, hasta llegar a esas cumbres inaccesibles para otros.

¿Cuántas personas viven llenas de miedo, angustia y rencor, solo en busca de aprobación, preocupadas por el «qué dirán»? ¿Cuántas han vivido hasta hoy como la gallina, aun sabiendo que si toman conciencia firmemente y eligen volar, podrán llegar como el águila adonde nunca jamás creyeron posible? No es necesaria demasiada fuerza para hacer cosas, pero sí una gran voluntad para tomar la decisión de actuar inmediatamente, por convicción.

Cuántas personas abandonan su sueño, igual que lo hizo la gallina con su huevo, y después, cuando alguien se lo apropia y obtiene buenos resultados, dicen: «Aquél se robó mi idea», «La idea fue mía y otro me la quitó», «Ese copió mi fabuloso proyecto». Prodiguemos a nuestros sueños, igual que el águila a su huevo, todo el cuidado necesario para que, con tiempo, dedicación, constancia, fe, pasión y amor, cumplan su proceso de incubación y alcancemos lo anhelado y soñado.

Ejercicio para hacer realidad los sueños

¿Alguna vez has sembrado una planta? Quizás en el colegio te dejaron la tarea de sembrar un fríjol en un algodón humedecido, dispuesto en la superficie de un vaso de agua. ¿Recuerdas cómo esperabas ansiosamente a que el fríjol germinara y brotaran sus raíces? Vas a hacerlo de nuevo o por primera vez. La única variación consiste en el sentido que darás al momento en que siembres esa semilla, y a todo su proceso de crecimiento y evolución posterior.

Antes de hacer este ejercicio tienes que identificar tu sueño más grande. Para algunos probablemente sea algo fácil de hacer, pues saben perfectamente cómo es ese sueño; para otros puede ser menos sencillo de identificar debido a que, por diferentes circunstancias, quizás dejaron de soñar y es su único sueño pagar la luz, el agua, el teléfono, la matrícula en el colegio y una que otra deuda.

Para identificar ese sueño es clave que pienses en aquellas cosas pequeñas y simples de la infancia, con las que vibrabas de emoción, sonreías y disfrutabas plenamente y que, por alguna razón, en cierto momento de tu vida dejaste de hacer. Quizás aquel sueño sea tener una profesión diferente, hablar otros idiomas, conocer otras culturas, ser un gran deportista, o ayudar y servir a los otros. ¿Qué esperas para soñar nuevamente? Puedes crear todo lo que sueñas. Ponles alas a tu imaginación y a tu creatividad para identificar esos sueños frustrados por las circunstancias de la vida, por la inconstancia y la falta de fe, quizás por una palabra mal dicha, de alguien que se opuso a tu sueño. Tómate tiempo, busca, observa, siente con todos tus sentidos, utiliza incluso la intuición.

Una vez que lo tengas identificado, cierra los ojos, toma la semilla de fríjol y siente que ella es tu sueño. Luego, deposítala en aquel colchón frágil y húmedo de algodón, y asiéntalo en el borde de un frasco o vaso de vidrio transparente. Colócalo en un sitio visible para que a diario te recuerde la gran decisión que has tomado. A partir de ese instante adquieres el compromiso de estar pendiente de tu sueño, cuidarlo, nutrirlo y disfrutar plenamente su proceso.

De igual manera, deja que tu corazón y tu mente se llenen de fe, pasión y amor. Con una actitud abierta y flexible, busca siempre alternativas y oportunidades, evalúa resultados para eliminar las cadenas que te impiden actuar y conseguir tu gran sueño. Manifiéstalo, decrétalo y cuéntalo sin miedo al mundo entero. Y recuerda que existen señales que aparecen a lo largo del camino para ayudarte a encontrar tu misión en el mundo. Por eso, siempre debes estar alerta. Recuerda que lo que anhelas también te está anhelando a ti, quizá se encuentra justo ante tus ojos y no te has dado cuenta.

Dar sin esperar recibir

*No hay nadie tan pobre que no pueda dar
ni tan rico que no pueda recibir.*

Un naranjo, además de darnos su sombra, nos da sus frutos sin importarle en lo más mínimo que seamos buenos o malos; cuando el árbol es noble, deja impregnado su aroma hasta en el hacha de quien lo corta.

Así deberíamos ser nosotros. Generosos sin importar con quién, dar todo el amor que guardamos en el corazón, incluso a aquel que trata de hacernos daño, compartir con los demás nuestros dones, cualidades, aptitudes y posesiones.

Yo no podía entender por qué, y les pregunté: —Si ustedes tienen tanta ropa guardada y tanta comida, ¿por qué no puedo regalarlas? ¿Es que no alcanza para todos?. Pero mis palabras solo lograron que se enojaran más. Entonces, con ocho años apenas, muy triste y llorando, empaqué en mi pequeña maleta gris el Milo, la leche en polvo, unas chocolatinas Jet, una revista, mis cuadernos, mis pantalones cortos, los tirantes, la camisa, un carrito, una pequeña Virgen de Fátima que alumbraba en la oscuridad, y salí del cuarto muy serio. Miré fijamente a mis padres y les dije desafiante: —¡Ustedes son unos icrópitaz!, palabra que según había oído era muy grosera (tiempo después supe que la verdadera palabra era «hipócritas»). Les dije que me iba y salí desilusionado de mi casa. Después de dar algunas vueltas a la manzana, tomé la decisión de irme a vivir donde mi abuela.

Cuando ya anochecía, enterados de mi paradero mis padres fueron a buscarme y me pidieron que regresara, pero por ningún motivo quería hacerlo. Les recriminé abiertamente que cuando mi madre visitaba el ancianato ella sí podía llevar cobijas, ropa y cigarrillos, aunque estos últimos eran tan malos para la salud de los viejitos, les dejaban un aliento horrible y les tumbaban los dientes. Finalmente, mi madre me abrazó y, sonriendo con dulzura, me dijo: —Mijo, entiendo lo que sientes en tu gran corazón; es tan grande que te llevó a abandonar a tus padres, que tanto te amamos. Pero si nos abandonas por ayudar a otros serás luz en la calle y oscuridad en nuestro hogar. Después de que las partes negociamos un acuerdo —como dicen los abogados—, regresé a casa.

Supe que tenía dos opciones: obedecer a mi corazón, esa voz interior que es chispa divina y que nunca falla, o escuchar a mis padres, que con temor trataban de darme una lección para que jamás volviera a tomar mis propias decisiones sin su consentimiento. Al elegir lo primero, aprendí que es más feliz quien da que quien recibe, y que cuando damos sin esperar recompensa el corazón vibra de emoción en una frecuencia tan fuerte que se une con el espíritu para volar muy alto.

Uno de los placeres más grandes en la vida es dar, pero nos enseñan lo contrario: a guardar y atesorar. Así andamos por el mundo llenos de ambición por poseer y sin ningún afán de dar. Siempre pensamos que debemos ahorrar para el futuro, que la situación está muy difícil y que mañana será otro día. Si por algún motivo damos, siempre es con la expectativa de que el tiempo pase rápidamente para ver compensado lo que suponemos un gran esfuerzo. Si crees que das mucho y esperas recibir algo a cambio, ¡despierta! En ese caso, tu acción es un simple préstamo.

Imagina que das un pedazo de pan y un poco de cariño a un ser desamparado. Es normal que esperes recibir una sonrisa o un «Gracias, que Dios se lo pague», y eso está bien porque puedes ver por ti mismo y recibir en tu corazón la alegría del otro; aunque no te haya dado la sonrisa que esperabas, debes irte feliz. Pero una cosa bien distinta es que no vuelvas a ayudar a esa persona, si por algún motivo, en medio de su dolor o tristeza, no te devuelve la sonrisa ni te da las gracias, que encasilles a todos los que se acercan a ti buscando ayuda y justifiques tu negativa juzgándolos sin saber cuál es su realidad: «No lo necesita», «Es un vago que debería estar trabajando», «Es un vicioso». Basados en estas excusas tratamos de no dar nada.

En una ocasión me detuve en el semáforo de la carrera 15 con calle 127, en Bogotá, y se me acercó a la ventanilla del auto un hombre de unos 45 años, llorando desesperadamente. Con la voz entrecortada me contaba que su hija tenía sida, le debía comprar una droga —me mostraba la receta médica— o si no, moriría. Yo llevaba unos cuantos pesos e inmediatamente se los di.

Las personas que me acompañaban en esa ocasión me recriminaron mi ingenuidad, alegaron que cuál era entonces mi experiencia trabajando con los habitantes de las calles. Cuando me aseguraron que la hija de aquel hombre no tenía sida, yo les pregunté cómo lo sabían y si les constaba. Uno de ellos afirmó haberla visto sana, y en ese instante les dije: —¡Gracias, amigos! No se imaginan el peso que me han quitado de encima, porque estoy seguro de que con los pocos pesos que di a aquel hombre no podría solucionar ese tremendo problema. Añadí que gracias a su información ahora me sentía muy feliz de que esa niña no estuviera enferma. Así pues, quien entrega algo sin esperar nada a cambio está dando realmente, mientras más da más feliz es, y es más feliz que quien recibe.

En otra ocasión me encontraba en un restaurante y vi a dos niños de la calle vestidos con trapos viejos y unas cobijas en sus hombros. El pequeño tendría siete años y el grande quizás quince. Según supe, para comer tenían que robar y para robar tenían que drogarse. A tan temprana edad, iban hambrientos de casa en casa pidiendo un poco de comida. La gente les decía: «Trabajen o hagan algo, pero aquí no molesten». Ellos sentían el rechazo; se notaba en sus semblantes la desesperación, la angustia y la gran frustración por no lograr en ninguno de sus intentos conseguir un poco de comida. Solo oían voces que decían: «Aquí no hay nada, lárguense». Finalmente, el mesero del restaurante, muy atento, les dijo que iba a ver si podía conseguir algo para ellos.

Efectivamente, el mesero regresó con una gaseosa. ¡Qué felicidad, qué alegría! No sabían qué hacer con tanta dicha. El mayor le dijo al menor: —Tome usted y luego yo, y así empezaron a beber su refresco. El muchacho observaba al pequeñín con una sonrisa inmensa, los ojos llenos de emoción y relamiéndose la boca medio abierta. Cuando le tocaba el turno miraba al otro de reojo, mientras se llevaba la botella a la boca, y simulaba beber pero apretaba fuertemente los labios para que no le entrara ni una sola gota. Luego le decía al pequeño: —Le toca, pero tome solo un poquito. Este daba un trago y exclamaba: —¡Mmmm… qué rica!». Luego igual, el mayor se llevaba a la boca la botella a medias, no tomaba nada y decía: —Ahora usted. Así continuaron el juego hasta que el pequeño barrigoncito de ojos saltones y cabello empegotado acabó con todo el contenido de la botella. Qué lección tan tremenda fue oír esos «Ahora usted», «Ahora yo», y ver esos labios apretados y la mirada del chico mayor, llena de chispa.

De repente, sucedió algo extraordinario: el mayor comenzó a cantar, a bailar salsa y después a patear la botella de la gaseosa como si jugara fútbol. Estaba radiante, los ojos y el rostro iluminados con la llama del amor; el estómago totalmente vacío pero el corazón rebosante de alegría y satisfacción. Corría y brincaba con la naturalidad de quien no hace nada extraordinario o, mejor aún, de quien está habituado a hacer cosas extraordinarias sin darles mayor importancia. Es así como debemos vivir: con tanta naturalidad, amor y simplicidad que los demás ni siquiera tengan que agradecer el servicio que les prestamos.

No hace mucho, en un viaje a la India, caminaba por un paso peatonal de Calcuta cuando de repente vi en medio del andén a un hombre discapacitado, sin pies, jugando con un perro curiosamente en su mismo estado. Al acercarme observé que compartía su chapati —una tortilla— con su perro. El hombre lo miraba con ojos llenos de amor y compasión, y una gran sonrisa se dibujaba en su rostro. El perro, a su vez, movía alegremente la cola en todas las direcciones. Entonces saqué la filmadora y capté aquel momento esplendoroso.

Cuando me incliné ante el hombre para darle unas cuantas rupias, se acercó el vigilante y me dijo que no debía dar limosna allí, que en ese sitio estaba prohibido debido al peligro, etcétera. Después me dio una cátedra de sociología aplicada a las razones para no dar limosna, con sus implicaciones psicológicas. Me decía que luego el discapacitado gastaría ese dinero en drogas y demás. Yo le dije que lo sentía mucho, pero que aquel hombre me había dado una gran lección, que allí había sentido la presencia de Dios y que, por lo tanto, se merecía tener una gratificación sin importar lo que hiciera con ella. Y así lo hice. El vigilante me miró como diciéndome: «Este es mucho tontazo», pero me fui feliz.

Cuántas veces sentimos como si nuestro corazón se hubiera endurecido y que las cosas que de chicos nos hacían temblar de emoción ahora no nos mueven ni una fibra. En cambio, aquello que en la niñez no era importante para nosotros ahora parece ser nuestra única prioridad. Cada vez queremos atesorar más, tener más poder, ser más adulados y más fuertes, y olvidamos que la verdadera fortaleza, la gran riqueza, está en el interior, en nuestro corazón. A través del amor, la compasión y la bondad elevamos la conciencia y el espíritu, hasta alcanzar niveles que hacen posible la paz tan anhelada. En cambio, esta parece alejarse cuando vivimos en medio de la ansiedad, al sentir que vamos a perder todo lo que tenemos.

La ayuda condicionada

¿Alguna vez te has detenido a pensar si actúas naturalmente ante las circunstancias que la vida te ofrece para hacer algo por la humanidad? ¿Analizas las circunstancias antes de tomar una decisión con respecto a la ayuda, o simplemente consideras que ayudar es función de otros?

Imagina por un momento que estás en un sitio campestre, cómodamente sentado, disfrutas de una agradable comida caliente y de repente ves que en la piscina alguien se ahoga. ¿Qué harías? ¿Te levantarías rápidamente e irías en su ayuda sin pensarlo, aunque no supieras nadar? ¿Terminarías tu comida para que no se enfriara, mirarías si esa persona es blanca o negra, pobre o rica, o simplemente pensarías por un momento si hacerlo o no? Seguramente te lanzarías a la piscina, le tirarías un lazo o un flotador o buscarías a alguien que le ayudara a salir de allí.

Pero si ves a un niño de la calle, a un anciano indigente o a alguien que trata desesperadamente de sobrevivir en ese mundo de concreto —donde son desechados y rechazados por una sociedad insensible y, aunque no te des cuenta, donde mueren ahogados por la desesperación, la angustia, el hambre o el frío—, muy seguramente no actuarías y dirías que el problema no es tuyo, sino del gobierno. ¿Por qué? Tal actitud se debe al virus con el que fuimos programados para reaccionar por miedo o lástima, en vez de actuar movidos por el amor y la bondad. ¿Te has preguntado alguna vez de qué sirve tener todo en la vida si no tienes con quién compartirlo? ¿Sabías que hay personas tan pobres, tan pobres, que solo tienen muchísimo dinero?

En una ocasión en la que estaba rescatando niños de una alcantarilla en Bogotá, salí a la superficie con mi ropa mojada y fétida, cuando unas personas se acercaron y me dijeron que eso no lo harían ni por un millón de pesos y que me consideraban un santo. Les contesté que yo tampoco lo haría por un millón de pesos y que no era santo, sino que disfrutaba plenamente haciéndolo porque yo no reaccionaba desde el estado de conciencia antinatural del temor, sino desde el estado de conciencia natural del amor.

Esa es la razón por la cual para mí no es sacrificio ni sufrimiento alguno estar metido en una alcantarilla, rodeado de muerte y soledad, pues ver a un niño o a una niña, a un anciano o a cualquier mendigo sonriendo, con su barriga llena y el corazón alegre; ver que en sus ojos brotan de nuevo la esperanza y la fe es el regalo de la vida que más me llena de gozo. Mi espíritu, que se alimenta del servicio, puede regocijarse y vibrar de emoción, paz y felicidad en momentos así.

La importancia de actuar hoy

En ese afán incesante por poseer y acumular cosas, creamos en nuestros hogares un sitio húmedo y desagradable para depositar allí todo lo que no utilizamos ni necesitamos, pensando egoístamente en el día en que se pueda usar. De esta manera, perdemos la oportunidad de ayudar a un ser humano que puede necesitar desesperadamente las cosas que en ese lugar se inutilizan y deterioran.

En una ocasión, antes de dar inicio a mi sección diaria *Semillas para el espíritu*, del programa *Muy buenos días*, me dijo Jota Mario, el presentador: —Papá Jaime, hay una niña discapacitada que vive con su tía en un tugurio, en condiciones infrahumanas, y necesita una silla de ruedas. Ese día conté el caso de esta niña y hablé de la importancia del servicio amoroso y de dar sin esperar retribución. Recuerdo haber dicho enfáticamente que aquellas cosas inutilizadas, tras seis meses, ya no son propias, y por lo tanto deben darse a alguien que las necesite. Expliqué con claridad que los cuartos de san Alejo, donde se guardan cobijas, herramientas, cuadros, bicicletas, etcétera, no deberían existir.

Al final de mi sección llamaron alrededor de cien personas, 99 de las cuales dijeron que también necesitaban una silla de ruedas y solo una señora ofreció una «que podían pasar a recoger». Le dije que sería una buena idea que ella fuera con la silla al estudio de televisión para que juntos se la entregáramos a la niña, que vivía en el barrio Simón Bolívar. La señora me respondió que confiaba en mí, que no había problema en que recogieran la silla, y yo le comenté que no era cuestión de confianza sino de sentir la satisfacción de entregarla personalmente: —Yo quiero que usted me acompañe y experimente el placer tan grande que es dar, y la felicidad que se siente al servir. Usted no tiene ni la menor idea de lo rico que es experimentarlos».

Le expliqué entonces que una cosa es conocer a fondo una manzana, su textura, su color y su forma, y otra meterle un buen mordisco y experimentar su sabor. Después de esto ella accedió y nos fuimos al cerro del Ahorcado, en Ciudad Bolívar, al que algunas veces la gente sube para colgarse de un árbol debido a la desesperación.

El alcantarillado iba por fuera y rodaba por un canal enclavado en la pendiente. Al sentir el frío y la podredumbre del ambiente la señora quiso devolverse, pero finalmente llegamos al cuarto oscuro y denso donde se encontraba aquella criatura de doce años. Según nos contaron, los senos incipientes de la niña estaban totalmente estropeados por los callos y las llagas, pues llevaba gran parte de su vida arrastrándose por el piso como una culebra. Al levantarla de la cama sentí un olor peor que el de las alcantarillas. Entonces la sentamos en la silla de ruedas y fuimos a darle una vuelta.

En cuanto la niña salió a la luz del sol y vio la montaña empezó a dar unas risotadas exageradas. Por un momento creí que tenía una discapacidad mental, pero lo que sucedía realmente era que nunca había salido a dar un paseo, y en pleno año 2003 no había visto un bus. Continuamos nuestro paseo hasta llegar a una esquina donde nos dijeron que preparaban un asado muy rico y decidimos probar.

Mientras comíamos, la señora lloraba y lloraba. Le pregunté entonces por qué lloraba tanto y me respondió:
—Papá Jaime, usted no tiene la menor idea del motivo por el que estoy llorando. Le dije que, en efecto, ella

debía sentirse feliz al hacer tan buena obra por aquella niña. Y entonces me miró y me dijo con la voz entrecortada: —Lloro, Papá Jaime, porque tuve esta silla de ruedas en el garaje de mi casa por más de ocho años. Lloro de pensar que esta niña se arrastró como una culebra durante todos estos años mientras esa silla se oxidaba y dañaba por falta de uso. Ella nunca pudo dar un paseo como el que está dando ahora. Lloro por las oportunidades que tuve para ayudar a otros y por no haber hecho nada. Así pues, el dolor se produce cuando no actuamos.

Cierta vez que conducía con prisa por las calles bogotanas, rumbo al lugar donde dictaría una conferencia, en un semáforo se me acercó una señora al auto para decirme que su hija estaba muy enferma, con una gripa muy fuerte que la asfixiaba. La niña se encontraba en el andén, dentro de una caja de cartón con unos costales y periódicos que la protegían del frío. —Ahora vuelvo y le ayudo, fue todo lo que le dije a la señora, en vista de mi afán.

De regreso observé una gran multitud en aquella esquina. La señora lloraba con la niña muerta en sus brazos. Entonces se acercó, me miró a los ojos y dijo: —Usted no me creyó que la niña sí estaba enferma y se estaba ahogando. Se me murió mi hijita.

Nadie se puede imaginar el dolor que yo sentí. Aquella noche el remordimiento me carcomía el alma. Me recriminaba por no haber hecho nada, por no confiar en ella y haber sido tan indolente. Todos esos sentimientos nos atacan cuando no actuamos. Duelen más la indiferencia social y la apatía de la mayoría de nosotros, que el mal causado por esa minoría que dinamita, mata, secuestra, extorsiona y destruye nuestra querida Colombia.

No dejes para mañana lo que puedas hacer hoy

Mañana tal vez sea demasiado tarde para dar y compartir lo que tanto aprecias, y las personas que lo necesitan quizás no estarán contigo. En tu vida siempre hay alguien que necesita esa palabra amorosa, ese abrazo fuerte, esa caricia tierna, esa sonrisa dulce. Tal vez ha estado siempre a tu lado y ni te has dado cuenta. Recuerda que la caridad y el servicio empiezan por casa.

Por eso, actúa hoy para que, cuando pase el tiempo y se acerquen tus últimos días, no te arrepientas de lo que has dejado de hacer. Envejecer es obligatorio, pero crecer es opcional.

Qué nos impide actuar en beneficio de los demás

Por desgracia, en nuestros países, donde la pobreza abunda, nos hemos acostumbrado al dolor de los otros. Lentamente el corazón se endurece y el espíritu se encoge. No queremos hacer nada por ellos, ningún tipo de compromiso que nos ate a una situación de dolor, y si ayudamos es con unas cuantas monedas, pero no queremos que vuelvan a pedirnos. En medio de nuestra rutina de egoísmo, competencia, insensibilidad, ansiedad de poder y falta de compasión, nos paralizamos y no actuamos, atribuyendo despectivamente a otros la responsabilidad por nuestra inercia; incapaces de entender que para el mundo entero quizás seamos unos desconocidos, pero para ese ser humano que nos necesita somos su mundo y su gran oportunidad. Por eso, haz el bien y no mires a quién, ni a cuántos, solo uno marca la diferencia.

Soledad era una anciana que vendía empanadas con ají, en una pequeña canasta, al frente de la universidad donde yo estudiaba. Tenía la piel resquebrajada por el sol y el rostro surcado por los años y el sufrimiento. Aún recuerdo aquella noche en que la conocí. Me había quedado hasta tarde en los alrededores de la universidad y, al pasar junto a mí, dijo sonriendo: —¿Qué hace aquí sentado? Es muy peligroso, lo pueden atracar y hacerle daño. Es mejor que se vaya a la casa. Esta mujer me llamó la atención.

Desde ese día nos hicimos amigos y conversábamos frecuentemente. En sus ojos se percibía una gran tristeza, y con el tiempo logré entender a qué se debía. Ella siempre corrió en contra del tiempo, tuvo todo lo que quiso, pero por ese afán de tener y tener no disfrutó a sus verdaderos amigos, ni tuvo tiempo para su familia. Su sueño desde niña era ayudar a los más necesitados, planeó su vida alrededor de esta idea, pero el tiempo fue pasando y siempre existió un pretexto para no emprenderla.

unos niños que claman amor y compasión? ¿Por qué no nos duele comprometernos en una serie de gastos incalculables, en cosas totalmente superficiales, y en cambio, por sencillo que sea, nos cuesta tanto trabajo o molestia prestar un buen servicio a la humanidad? De nada nos sirve toda la inteligencia si no tenemos la sabiduría para vivir en paz y armonía a través del servicio amoroso.

Alguien que vio *Recetas para el alma*, uno de nuestros programas de televisión con la Metro Goldwyn Mayer y Ecuavisa, me buscó por cielo, mar y tierra hasta encontrarme. Se trataba de una señora que quería ayudar a los niños de la calle y tenía un presupuesto asignado. La invité a que me acompañara en una de mis salidas nocturnas por las calles y alcantarillas donde vivían estos niños. Aquella noche ella los abrazó por primera vez en su vida, lloró por la situación que atravesaban y prometió que desde aquel día empezaría a ayudarles, no solo con su dinero sino con un servicio personalizado y amoroso.

Después de haber atravesado toda la ciudad para visitar a estos niños, al llevarla a su casa, en un barrio muy lujoso de Bogotá, noté con sorpresa que en su jardín dormían unos niños de la calle como los que habíamos visitado esa noche. Al vernos saltaron y me preguntaron: —Papá Jaime, ¿por qué anda con esa bruja mala? Siempre que estamos aquí acostados, sin hacerle daño a nadie, ella llama a la policía o a los vigilantes para que nos echen. Al oír esto, la señora se puso roja y no sabía qué hacer ni qué decir. Finalmente les dimos unos refrescos y algo de comida que teníamos en la ambulancia de la Fundación Niños de los Andes. Después de observarla un rato, le sugerí que si tenía un presupuesto asignado les ayudara a los niños con algo de comida al amanecer. También le pedí que les regalara las cosas que no había utilizado en un año. Muy feliz, les empezó a dar alimentación diaria y ayuda a estos niños de nueve y once años.

La señora me llamaba frecuentemente para contarme lo feliz que estaba y lo maravilloso de su experiencia. Pero un día lo hizo con insistencia y, como no me encontraba, dejó un recado muy urgente. La llamé pensando que algo muy grave había sucedido y para mi sorpresa dijo que se había metido en un gran problema, que estaba atrapada sin salida en su propia casa. Le pregunté si los niños la habían ofendido o agredido y dijo que no, pero el gran problema era que ya había cuatro niños en vez de dos, dijo que estaba muy cansada de trabajar tanto y de darles todos los días ya no dos chocolates con pan sino el doble, y que eso era ya mucho. Le pregunté cuánto se había gastado del presupuesto asignado para estos niños y dijo que no sabía pero que no era mucho, que la comida no representaba mayor gasto, pues en gran parte eran sobrados.

Finalmente, la señora me pidió que me los llevara para la fundación y se comprometió a seguirlos visitando. Lo hice en vista de la situación de los pequeños, que inmediatamente se acogieron a nuestros programas. Sólo fue una vez a visitarlos y de eso hace ya varios años. Hasta el día de hoy no he vuelto a saber nada de ella.

Herramientas para fortalecer el espíritu a través del servicio

- Cuando todo parece perdido y a punto de derrumbarse, realmente tienes una gran oportunidad para dar un paso adelante y despertar ese mago que existe en tu interior, para encontrar la magia de servir a los demás y compartir con ellos tu riqueza espiritual. Esto te motivará a desarrollar el fabuloso arte de dar y continuar fluyendo donde otros resuelven detenerse. Si aprovechas todo lo que tu mago interior posee, confías en lo que haces y te esfuerzas por lograrlo, todo será posible para ti. Encuentra hoy el placer que experimentarás al hacer algo útil por los demás, y verás que tu mundo y el de aquel que ayudas se transformarán.

- Es muy distinto que te sientas parte del cosmos a que sientas el cosmos dentro de ti, porque allí están la fuerza y la capacidad para desarrollar todo ese potencial innato y crear oportunidades no solo para ti mismo, sino para los otros. Haz un esfuerzo por salir de esa zona de comodidad y, en vez de conformarte con la rutina, intenta crear nuevas alternativas y posibilidades. A veces solo cuando la sorpresa toca tu puerta y pierdes lo que posees, es cuando logras desprenderte del ego; te liberas del virus que nubla el entendimiento y, por fin, puedes ver las cosas como son y no como creías.

- Cuando se ilumina tu mente con la poderosa llama del amor te vuelves uno con lo que haces, sientes y sabes. Así adquieres la conciencia que te guiará suavemente por el camino de la sabiduría, para dar simplemente por dar, con mucha fe y confianza en ti mismo, naturalmente y sin esfuerzo.

- Cuando estás dispuesto a dar lo mejor de ti, no debes obrar como si se tratara de una prueba de amor, afecto, amistad o lealtad hacia los otros, sino que tal actitud debe fluir como agua mansa y transparente. Así te fortalecerás, al obrar con tanto amor que tu espíritu vibre y te haga volar muy alto.

- Si no vives para servir, no sirves para vivir, no estás preparado para una vida de plenitud.

- Si quieres experimentar el placer de servir amorosamente, si quieres que tu corazón vibre de emoción y alegría, te invito a unirte a nuestra campaña «Brochazos de amor», cuyo eslogan es: «Sábado servicial, rumba espiritual». Todos los asistentes deben llevar brocha y pintura de colores fuertes, para pintar tugurios o chozas de lata, guadua o paja. Al llegar al sitio se dividen en grupos de diez personas que pintan al azar una de las casitas y comparten el resto del día con la familia que vive allí.

  Al final de la tarde y bajo la filosofía de «No hay que dar el pescado, hay que enseñar a pescar», cada grupo se reúne y hace una lluvia de ideas para ver de qué manera le puede ayudar a esa familia a mejorar sus condiciones de vida. A partir de ese momento, la familia se extiende al grupo, y este adquiere el compromiso de desarrollar, de acuerdo con su creatividad, capacidad de liderazgo y servicio, un nuevo proyecto de vida que perdure en el tiempo y propicie la autosuficiencia para esta familia.

En una de estas jornadas, un niño le preguntó a uno de los voluntarios si le podía conseguir una cobija, porque el frío era insoportable. Dijo que en días pasados su hermanito se había muerto de frío. Él creyó que se trataba de una simple expresión del niño, pero cuando le preguntó a su madre, ella explotó en lágrimas y confirmó lo sucedido. No podía creerlo, se sentó al borde de la cama donde la señora lloraba desconsoladamente, y al instante su pantalón se humedeció porque el colchón estaba traspasado por el agua. En esa cama fría dormían seis niños.

Miró a su alrededor y se dio cuenta de que en esa choza no había baño, pero le sorprendió más la gran cantidad de botellas y galones que había por todos lados. Al salir notó que en el techo también había muchas botellas de varios colores, tamaños y formas. Entonces me preguntó si eran adornos y le expliqué que los utilizaban para tapar las goteras. En ese momento recapacitó, estaba muy conmovido e hizo un esfuerzo por no llorar. Ya no podía entender por qué se quejaba tanto de la crisis del país, de su situación laboral y de su vida. Se dio cuenta de su necesidad de cambiar, pues de nada servía tenerlo todo si no lo podía compartir con nadie. A partir de ese día su vida cambió radicalmente.

Ejercicio para aprender a dar

Este ejercicio será útil para que te desprendas de todas aquellas cosas materiales que, por varias razones, has guardado durante años y años pensando que son indispensables para vivir bien. Te llevará también a tomar conciencia de la importancia de compartirlas con otros, para que tu espíritu se engrandezca y trascienda.

No consideres tuyo todo aquello que no has usado en un año, dáselo a alguien que lo necesite. Con esta idea en mente, haz un alto en el camino y revisa todas tus cosas, incluso aquellas que guardas en armarios, baúles, cajas, garajes y bodegas. Separa lo que definitivamente no usas y empácalo con tus propias manos. Escoge a las personas que quieras beneficiar con tus pertenencias y, mientras se las entregas, comparte un rato con ellas, escúchalas, bríndales tu amor y siente que el mayor placer de la vida es dar, más que recibir.

Recuerda que la caridad empieza por casa. Muchas veces una sonrisa, una llamada telefónica, una visita corta, una tarjeta de agradecimiento o una invitación pueden proporcionar un poco de la alegría que una persona necesita, a tal punto que podría representarlo todo en un momento dado.

La armonía interior

Tú eres una chispa divina.
Encontrarás a Dios cuando desciendas
al corazón del ser humano a través del servicio.

Si lleváramos una gota del mar a un laboratorio para analizar su composición química, encontraríamos que contiene básicamente hidrógeno, oxígeno y cloruro de sodio: la misma esencia del mar. Pero al separarla del océano, la gota pierde su fuerza a pesar de tener la misma composición molecular, y seguramente se evaporará, cambiará de estado.

De igual manera, en la esencia de un ser humano encontramos todas las características de su Creador. Es una chispa divina mas no es Dios y, de modo semejante a la gota del mar, cuando se aleja de Él pierde toda su fuerza. Pero lo más maravilloso es que si el agua y el hombre regresan al mar y a Dios, respectivamente, a unirse con su esencia, la gota se vuelve océano y el ser humano a través de sus acciones bondadosas se vuelve uno con Dios, y se convierte en amor.

Asdrúbal. Pues dicho y hecho, trabajé incansablemente sembrando café y además pedí ayuda a todos mis hermanos, amigos y familiares.

Finalmente, llegó el gran día en que apareció mi papá y empezamos a contar las bolsas. Con el dinero que gané nos fuimos a comprar una muñeca espectacular y un camión gigantesco de madera. Al otro día madrugué y cabalgué a toda velocidad para llevarles sus regalos. Me sentía extraordinariamente feliz, y al bajar del caballo le dije a la niña: —Mira lo que te traje, este regalo es para ti. La niña me miraba y observaba la muñeca con desconfianza y recelo, y no la recibía. Creía que era prestada y que yo se la iba a quitar después. Mientras tanto su hermanito se acercó al camión y me preguntó si era para él. No había acabado de responder cuando ya se había subido y corría cuesta abajo. Finalmente, la niña alzó la muñeca con timidez y sonrió feliz. Desde ese día quedé conectado con ella. Mi sueño en cada Navidad era que ella también recibiera regalos y así sucedió.

Desde aquella época soñaba con un mundo mejor y no entendía por qué existían diferencias e injusticias sociales. De esta manera, di mis primeros pasos como sembrador y, gracias a Dios, tuve una cosecha inolvidable que marcó mi vida y mi camino para siempre. Recuerdo que cuando regresé al colegio y les conté a mis compañeros, no me creyeron sino cuando lo vieron con sus propios ojos. En ese momento comprendí que Dios no me podía dar todo lo que pedía, pero sí me había dado las herramientas para lograrlo; entendí el poder que tiene la fe. Hay que creer para ver y no al contrario, como nos han enseñado. Además, comprendí que el servicio, la compasión, la humildad y la bondad son las manifestaciones más sublimes del amor divino. Así experimenté por primera vez en mi vida la presencia de Dios, que es el amor.

Pero cuántos conflictos, peleas, guerras y masacres ocurren supuestamente en nombre de Dios, a veces por defender una serie de creencias y condicionamientos basados en la ostentación del poder, o recurriendo a la amenaza de un Dios cruel y castigador, para controlar y amedrentar a otros en aras de intereses particulares. Las guerras, sean generadas para defender ideas o doctrinas, dinero, poder o ambición, siempre arrojan víctimas inocentes.

La siguiente historia de la India es muy oportuna para entender que no podemos hablar de una sola verdad para todos, cuando solo contamos con la nuestra.

Cuenta la leyenda que unos ciegos caminaban juntos cuando de repente se encontraron con un gran obstáculo. No sabían, pero era un inmenso elefante. El primero en hablar dijo, mientras tocaba la panza del animal, que estaban frente a un gran tonel lleno de líquido. El segundo lo contradijo y afirmó que estaban en medio de dos árboles, mientras palpaba las patas del animal. El tercero riñó con ellos y dijo que para él era claro que tenían al frente un gran abanico, pues sentía el viento que producía el elefante al mover sus orejas. Otro se burló de los anteriores y

199

aseguró que estaban ante un objeto peligrosísimo, armado
con lanzas, que no eran otra cosa que los largos colmillos
del animal. Uno más, que estaba adelante, insistió en te-
ner razón y dijo que estaban ante una inofensiva serpiente,
al tiempo que acariciaba la trompa. El último gritó que
se trataba de una soga, y no dejaba de tocar y halar la
cola del animal. Mientras discutían, el elefante empezó
a correr y los aplastó.

Mi experiencia con Dios ha sido maravillosa porque Él ha sido una fuente inagotable de inspiración.
Con frecuencia, cuando estoy dictando conferencias
en diferentes países del mundo, alguien me pregunta:
«¿Cree en Dios?, ¿cuál es su religión?». Siempre res-
pondo de la misma manera: —Mi religión es el amor.
La verdadera iluminación divina se da cuando piensas
con amor, hablas con amor y actúas con amor. En ese
momento ya no buscas a Dios en una iglesia o en un
templo, sino que lo encuentras dentro de ti y en todo lo
que te rodea. Cuando quieres abrazarlo, olerlo, sentirlo,
verlo y oírlo, das de beber y de comer al que tiene sed
y hambre, tiendes tu mano al desamparado y consuelas
con tu palabra al desesperado.

Recuerdo que la madre Teresa de Calcuta —después
de que compartimos el Premio Mundial de la Paz y nos
hiciéramos muy buenos amigos— me dijo: —Papá Aime
Amaillo: el poder es para servir, el amor es para darlo, y
la oración sin acción y servicio a los otros de nada vale.

La oración y la meditación son maneras de comunicarnos directamente con Dios. Son momentos esplendorosos en los que a veces no necesitamos ni palabras ni mantras, durante los cuales experimentamos y conocemos a Dios, que es amor personificado. La oración no es para ver a Dios ni para pedir ni quejarnos de nuestras tristezas, es para experimentar el amor. En ese momento grandioso vemos con los ojos de Dios, sentimos con su corazón, damos y servimos con sus manos. Cuando experimentas realmente ese amor, te das cuenta de que no es necesario perdonar a tus enemigos ni a quienes te odian: debes perdonarte a ti mismo por no haberlos perdonado antes.

Diariamente subo la montaña al amanecer y no dejo de contar lo maravilloso que es escalarla para meditar. Un día, alguien me dijo que quería acompañarme para disfrutar del paisaje y sentirse vivo. Al ascender, mi compañero me dijo: —Oye, esta montaña se ve muy reseca y con poca vegetación, no es como la imaginaba. Y le repliqué: —Sigue y aprecia el paisaje en cada paso que das… los olores, el aire puro, el canto de los pájaros, la luz del amanecer, la variedad de los colores, tu respiración y tu silencio. Disfruta el momento. Sin embargo, él seguía quejándose y quería llegar pronto a la cima para regresar. Miraba continuamente el reloj para ver cuánto tiempo faltaba. Al llegar a lo más alto, me senté en posición de flor de loto a contemplar el amanecer. Entonces él me dijo: —¡Qué posición tan incómoda! Aquí el paisaje se ve diferente, pero es insulso y además hace mucho frío, no veo la belleza de la que me hablaste, y el regreso será peor.

No importa cuán alto subas, sino disfrutar el ascenso. El camino más fácil y corto nunca te lleva a la cumbre. Cuando te unes a la montaña y te armonizas con lo que te rodea, sientes que la montaña está en ti. Como ya he dicho, es diferente cuando te sientes parte del cosmos que cuando tomas conciencia de ese cosmos dentro de ti.

A través de la meditación —que no es buscar, sino producir las condiciones necesarias para recibir los regalos que la vida nos da— aprendemos a focalizar y centrar la atención. Sin concentración no puede existir la paz interior.

Recuerda que, sin importar tu credo, religión, filosofía, cultura o raza, tú tienes el poder para escuchar la voz interior que emana de tu corazón, la que te permitirá decidir y actuar sin miedos ni prejuicios, hoy, aquí y ahora, la voz que te permitirá redescubrir tu vida y ser inmensamente feliz.

«Para viajar lejos no hay mejor nave que un libro.»

EMILY DICKINSON

Gracias por tu lectura de este libro.

En **Penguinlibros.club** encontrarás las mejores
recomendaciones de lectura.

Únete a nuestra comunidad y viaja con nosotros.

Penguinlibros.club

Penguin
Random House
Grupo Editorial

 Penguinlibros